Aprende y Emprende

Andrés Marroquín, Mónica Río Nevado de Zelaya, Carolina Uribe

KEC Press

Andrés Marroquín es profesor de economía en la Universidad Francisco Marroquín, Mónica Río Nevado de Zelaya es Decano de la Facultad de Ciencias Económicas de la Universidad Francisco Marroquín y Carolina Uribe es directora del Centro de Emprendimiento Kirzner (KEC por sus siglas en inglés) y profesora de la carrera de emprendimiento en la Universidad Francisco Marroquín.

Kirzner Entrepreneurship Center Press (KEC Press)
© 2015 KEC Press
Todos los derechos reservados. Publicado en 2015

KEC Press
6ª Calle Final, Zona 10. Guatemala
Centro América
01010
ISBN-13: 978-1979212335
ISBN-10: 1979212333

Prefacio

En la nueva era de la información, las buenas ideas pueden aparecer en los lugares más insospechados. Los nuevos medios de comunicación y especialmente Internet facilitan la transmisión instantánea de ideas a muy bajo costo. En otra época las buenas ideas solían quedarse rezagadas en su lugar de origen. Como los centros de innovación y de creación encontraban su cultivo natural en los países más libres y desarrollados, las nuevas y buenas ideas tardaban mucho tiempo en difundirse en los países menos libres y más pobres, o simplemente nunca llegaban a ellos. Pero hoy las cosas han cambiado para bien. No existen barreras internacionales a la transmisión de las ideas. A través de Internet, las mejores saltan indiscriminadamente de un país a otro, y arraigan en ellos siempre que encuentren terreno fértil.

Las nuevas tecnologías también están abaratando la creación y difusión de las nuevas ideas. Ello significa que no se necesitan grandes capitales, ni grandes universidades, ni grandes bibliotecas para innovar. Estoy convencido de que, en las próximas décadas, muchas de las buenas ideas surgirán en la mente de científicos o empresarios de países pobres. Se avizora un futuro esperanzador, que nos brindará sorpresas muy agradables. Las más interesantes de ellas nos llegarán de los países pobres. Pero es que, además, con más razón incluso que Alvin Toffler, podemos decir nosotros que "el futuro ha comenzado". Sí, el futuro es ya presente.

Hoy y siempre la clave del progreso económico es producir más de lo que se consume. La productividad es el éxito de los buenos negocios. El empresario exitoso eleva la productividad, reduce los costos y satisface las necesidades de los consumidores. Compra y transforma cosas al menor costo posible, para venderlas donde los consumidores les den un valor mayor.

Si queremos que Guatemala progrese, necesitamos más negocios. El talento humano en Guatemala es patente, pues se trata de un país joven y muy rico en recursos humanos y naturales. Entonces, ¿por qué no surgen más empresas cuando, como país pobre, todo está todavía por hacer? Si hay tantas oportunidades, ¿por qué no hay más negocios en los que se emplee a más gente? La respuesta es simple: porque en Guatemala es muy difícil registrar y operar un negocio.

Giancarlo Ibargüen

Tabla de contenidos

Prólogo...	6
Agradecimientos..	7
1. ¿Qué es emprender?..	9
Cápsula - Imaginar sin limitaciones: Studio - C	11
¿Qué es ser emprendedor?	13
¿Qué hacen los emprendedores?	14
Características de un emprendedor	16
Caso 1: Steve Jobs (Estados Unidos)	19
Ejercicios y tarea	**20**
2. ¿Por qué surge el emprendimiento?..........................	23
Cápsula - La chispa de la oportunidad: Brohders	25
Cápsula - La cascada de un emprendimiento: Panifresh	28
Principales pensadores	
Joseph Schumpeter	30
Israel Kirzner	31
William Baumol	33
El ciclo del emprendimiento	35
Caso 2: Google (Estados Unidos)	40
Ejercicios y tarea	**42**
3. Todos somos emprendedores....................................	45
Cápsula - Imaginar sin limitaciones: Cardon Chocolates	47
Cápsula - La cascada de un emprendimiento: Café Barista	49
El caso de Blockbuster y Netflix	56
Lecciones del caso de Blockbuster y Netflix	58
La empresa de tu vida	59
Yo^{Nosotros}	59
Descubre tu ventaja competitiva	60
El poder de las relaciones débiles	61
Caso 3: Pollo Pinulito (Guatemala)	62
Ejercicios y tarea	**64**
4. Proceso Emprendedor..	67
Cápsula - La chispa de la oportunidad: Servicios de GPS	69
Cápsula – Hablemos de Guatemala: Cinchos hechos en Guatemala	70
El proceso emprendedor	71
Generación de ideas de negocio	76
Validación con el consumidor	77
Fondos	78
Innovación	81
Design Thinking	86

Business Model Canvas	89
Cápsula - La chispa de la oportunidad: Monkibú	94
Ejercicio y tarea	**96**
5. ¿Por qué el emprendimiento es bueno para la sociedad?............	100
Cápsula - Imaginar sin limitaciones: Oscar Chiquitó	103
Cápsula - La chispa de la oportunidad: El Tuc-Tuc	104
Emprendimiento, riesgo e incertidumbre	106
Emprendimiento y desarrollo económico	108
Creación de empleo	
Pago de impuestos	
Mayor competencia e innovación, y mejor nivel de vida	
La onda expansiva del emprendimiento	109
Caso 4: Grameen Bank (Bangladesh)	113
Ejercicios y tarea	**114**
6. Instituciones y emprendimiento	116
Cápsula – Hablemos de Guatemala: Los Shukos	118
Propiedad privada	120
Confianza	121
Contratos	123
Caso 5: Facebook (Estados Unidos)	124
Ejercicios y tarea	**125**
7. Tipos de emprendimiento...	130
Cápsula – Hablemos de Guatemala: Wake N Shake	132
"Entrepreneurship" vs. "Intrapreneurship"	135
Emprendedores formales e informales	135
Emprendedores por necesidad y emprendedores por vocación	136
Emprendimiento en Guatemala	137
Barreras a los emprendedores	138
Ejercicios y tarea	**140**
8. Emprendimiento social...	142
Cápsula - Imaginar sin limitaciones: Tejidos Únicos	144
Cápsula - Imaginar sin limitaciones: Recelca	145
Cápsula - La cascada de un emprendimiento: FUNDAL	146
Emprendimiento Social	148
Características de las empresas sociales	149
Caso 6: KINGO (Guatemala)	151
Ejercicios y tarea	**154**
Glosario...	**156**
Referencias..	**162**
Libros recomendados para emprendedores (disponible en español)	163
Libros recomendados para emprendedores en inglés (disponible en inglés)	164
Herramientas para emprendedores	165

Prólogo

El mundo de los negocios está cambiando a pasos acelerados en temas de innovación, tecnología, procesos, intercambio de información, demandas, preferencias de los consumidores y precios. Cada día se incrementa e intensifica el deseo de las nuevas generaciones por conocer más sobre estos temas y aprender a desarrollar ideas y proyectos que tengan un alto impacto en el mundo que les rodea.

Además, vivimos en un mundo cada vez más interconectado, donde la competencia es más fuerte pero a la vez se abre a nuevas propuestas y oportunidades globales. Por esta razón vemos la necesidad de que los jóvenes se acerquen al emprendimiento desde sus años escolares y puedan de esta forma adquirir conocimientos y descubrir nuevos mecanismos y herramientas para aproximarse a su entorno y desarrollarse como agentes de cambio a nivel mundial. El propósito de este libro es que el estudiante empiece a ver el mundo como una suma de oportunidades que lo reta a dar lo mejor de sí mismo.

En este libro el estudiante encontrará una serie de conceptos, técnicas, herramientas, ejemplos y casos que le permitirán conocer a profundidad el fenómeno del emprendimiento. Se busca que el estudiante desarrolle su capacidad para identificar y analizar oportunidades de negocio, aprender cómo convertir una idea en una oportunidad y ser un generador de soluciones a los problemas y necesidades de las personas. A lo largo de estas páginas, el estudiante conocerá casos de emprendedores locales e internacionales en los que encontrará inspiración, a la vez que podrá profundizar en los conceptos propios de esta disciplina al acudir a las lecturas complementarias recomendadas. Para poner en práctica lo que va aprendiendo, se presentan, al final de cada capítulo, ejercicios, tareas y dinámicas que permiten al estudiante "vivir" el proceso desde el punto de vista del emprendedor.

Vemos el emprendimiento como el corazón que da vitalidad a una sociedad, le transmite energía y la hace crecer. Deseamos que este libro sirva para que las nuevas generaciones conozcan el proceso vitalizado del emprendimiento y sean parte de él.

Agradecimientos

Queremos hacer un agradecimiento especial a emprendedores que compartieron generosamente su historia y experiencias, y que son elementos centrales en esta publicación: **Carlos Argüello, Luis Enrique y Juan Guillermo Harders, Juan Carlos Paiz, Boris Reyes, Walter De la Cruz, Cristhian Morales, Rodrigo Blanco, Rodrigo Toledo, Gabriela González, Oscar Chiquitó, Ricardo Mansilla, Pedro Wunderlich, Andrés Canella, Alida Boer, Vinicio Sosa, José María Bonilla, Helen Sinibaldi de Bonilla, Karina Bonilla, Gabriel Salguero y Juan Fermín Rodríguez.**

Agradecemos la valiosa contribución al contenido y desarrollo de este libro a: **Dunia de Marroquín, Maribel Cruz, Manolo Estrada, Cinthia González, Gladys González, Moris Polanco y Edwin Xol.**

Recursos

WWW Te presenta páginas web muy útiles.

Te recomienda libros.

Te recomienda videos.

1

¿Qué es emprender?

Objetivos del capítulo:

En este capítulo encontrarás definiciones de lo que es un emprendedor. Los objetivos principales son:

- Poner en contexto al maestro y al estudiante sobre este concepto.
- Despertar aprecio y admiración por la labor que desempeña el emprendedor en la sociedad.

"Imaginar sin limitaciones" Y ¿por qué no?... hasta en las mejores salas de cine.

Cápsula

Studio-C: Lo que empezó como un estudio para producir efectos digitales para películas, hoy tiene varias sedes, que funcionan como centros educativos para capacitar a jóvenes latinoamericanos.

Studio-C tiene dos líneas de negocio: (1) *outsourcing* para productoras de gran escala para efectos digitales de películas y (2) producción de alta calidad y bajo costo de películas digitalmente animadas para empresas como Dreamworks, Pixar y Disney, con las que han trabajado desde hace varios años.

Carlos Argüello, creador de Studio-C, es una persona joven, apasionada por el cine, que decidió irse de Guatemala para estudiar en Los Ángeles por tres meses. Después de veinte años de estar afuera del país preparándose en las mejores instituciones educativas de cinematografía (incluyendo la NASA) y de trabajar en firmas muy importantes

de diseño tradicional y digital, formó una red de contactos que le permitió trabajar con personas y organizaciones de prestigio mundial. Ha tenido en su cartera desde videoclips de artistas como Michael Jackson y Ricky Martin, hasta producciones parciales de películas como *Las Crónicas de Narnia*. Lo que empezó como un sueño de tres meses, hoy es una organización de mucho prestigio que busca promover el diseño digital y ofrecer al mundo una estructura de producción de calidad a menos de la tercera parte de lo que cuesta en otros países. Su empresa ha operado en Guatemala y Estados Unidos, y ahora está expandiéndose a México y a Colombia.

Puedes encontrar información interesante de este emprendimiento en:

Álvaro Figueredo, *Entrevista con Carlos Argüello* (Nov. 2013), fundador de Studio-C, en http://www.youtube.com/watch?v=LZrwyARNi2I.

Emprendimiento

Una pregunta que nos hacen frecuentemente cuando somos niños es, "¿qué quieres ser cuando seas grande?"

Hay muchas profesiones entre las que podemos escoger: medicina, derecho, ingeniería, arquitectura, biología, etc. Todas estas carreras son muy interesantes e importantes para la sociedad.

En este capítulo vamos a hablar de una profesión que es también importante y útil a la sociedad en la que vivimos: la profesión de emprendedor o emprendedora. En adelante usaremos la palabra "emprendedor" (o "el emprendedor") para referirnos a esta profesión que pueden realizar tanto hombres como mujeres.

¿Qué es ser emprendedor?

El emprendedor es una persona que se dedica a emprender. Emprender, según el Diccionario de la Real Academia Española es: "Acometer y comenzar una obra, un negocio, un empeño, especialmente si encierran dificultad o peligro." El emprendedor se concentra en la creación de nuevos productos y servicios que son útiles para muchos individuos en la sociedad; los vende, genera ganancias, aumenta sus negocios, y crea más productos. Al crear productos y servicios o modificar los ya existentes, el emprendedor no solamente genera ingresos y utilidades económicas para sí mismo sino que lo hace al proporcionar servicios que los consumidores valoran. En ocasiones, sin embargo, el emprendedor fracasa y pierde dinero al producir algo que no tiene éxito en el mercado. Como lo veremos más adelante, el emprendedor se arriesga a ganar o a perder dinero, de tal forma que, como en todas las profesiones, hay emprendedores que son exitosos y otros que no lo son. Hay que resaltar también que el emprendedor es apasionado y tolera la adversidad. Muchos emprendedores afirman que estuvieron a punto de "cerrar" dos o tres veces antes de lograrlo.[1]

 *Andy Freire, Pasión por emprender: De la idea a la cruda realidad*

---

[1] Agradecemos este comentario a Manolo Estrada.

Señales de que eres un emprendedor (Signs You're an Entrepreneur): http://goo.gl/xwEAsm (disponible en inglés).

5 mitos sobre emprendimiento (The 5 Myths About Entrepreneurship): http://goo.gl/n5E5lm (disponible en inglés).

¿Qué hacen los emprendedores?

Piensa en la computadora, en el teléfono celular, la bombilla eléctrica o en el automóvil. Estos productos fueron inventados, producidos y comercializados por emprendedores. Un panadero, un pastelero o una propietaria de una tienda o de un restaurante donde venden hamburguesas también son emprendedores. Cualquier persona que crea un producto o servicio y obtiene ingresos para vivir de ellos, es un emprendedor.[2]

El emprendedor comienza empresas y produce artículos o servicios innovadores. La innovación es una característica básica del emprendedor. Innovar significa crear algo nuevo. Por ejemplo, Henry Ford inventó la producción en línea para hacer automóviles más eficientemente y Steve Jobs inventó el iPad, un producto que no existía anteriormente.

Para poder emprender un negocio se necesita tener dos elementos indispensables: una oportunidad y una organización. El papel del emprendedor es el de detectar una oportunidad, evaluarla y crear una organización para aprovecharla.

Para ser emprendedor se necesita mucha imaginación y creatividad. El emprendedor debe estar atento a los deseos o necesidades de los consumidores (incluyendo sus descontentos) para identificar aquellas cosas que ellos necesitan pero que no existen actualmente, o no están disponibles para ellos. Las necesidades de los consumidores están cambiando constantemente y nuevas necesidades se generan mientras los mercados y las economías evolucionan, es por ello que los emprendedores existirán siempre que exista libertad de innovar en un país.

---

[2] Aunque como veremos más adelante hay un tipo especial de emprendedor, "el emprendedor social", para quien el fin fundamental no es obtener ganancias, sino que resolver un problema social.

El emprendedor es un creador de nuevos productos, pero también puede modificar algunos productos existentes y agregarles características novedosas, o puede llevarlos a otro mercado. Podemos ilustrar esto con el caso de la televisión. La televisión en blanco y negro existía desde la década de 1920, cuando fue inventada por el escocés John Logie Baird. Baird usó su creatividad, imaginación y esfuerzo para inventar la televisión en blanco y negro. Luego, fundó una compañía para comercializarla y llevarla a los consumidores. Por estas razones él fue un gran emprendedor. Varios años después se desarrolló la televisión a color, que modificó el invento de Baird.

Un emprendedor soluciona problemas, tanto económicos como sociales. Piensa por ejemplo en Facebook, una empresa que ha sido muy exitosa. Seguramente tú tienes una cuenta de Facebook. Esta empresa te proporciona un servicio que demandas y deseas: estar conectado con una red de amigos y conocidos. De hecho, mientras más personas se unen a Facebook más valor adquiere esta empresa.

Los emprendedores producen la mayoría de los productos y servicios que se consumen en nuestra sociedad, desde cereales, zapatos, muebles, entretenimiento, transporte terrestre, relojes, libros, lecciones de idiomas y hasta universidades.

En Guatemala hay emprendedores que han destacado por su creatividad e innovación, como los creadores de Ecofiltro y de Quetsol. Ecofiltro fabrica y vende filtros para agua y Quetsol vende servicio de energía eléctrica usando paneles solares.

Ambos productos son muy necesarios en un país como Guatemala, donde muchas comunidades carecen de agua potable y luz eléctrica. Conoceremos los detalles de estos casos más adelante. Existen muchas otras empresas de emprendedores guatemaltecos que han destacado internacionalmente, como Pollo Campero, Wake N Shake (app que se vende en Applestore), Duolingo, Ya Está, y muchas otras.

Los emprendedores contribuyen al mejoramiento del nivel de vida en la sociedad. De hecho, en general, los países con mayor cantidad de emprendedores, y aquellos en los que es más fácil abrir empresas, son también los países que tienen mayor nivel de ingreso y mejores condiciones de vida.

Al crear y producir, los emprendedores dan satisfacción a sus clientes, empleo a otras personas y con los impuestos que pagan proveen recursos financieros que los gobiernos usan.

> 66 No he fallado. Acabo de encontrar 10 mil maneras que no funcionan. 99
>
> - *Thomas Edison*

Características del emprendedor,
lucha por alcanzar sus metas.

Los emprendedores son personas y como tales, no hay dos que sean iguales. Por lo tanto, no se puede decir que todos los emprendedores deben contar con las mismas características. Sin embargo, existen aquellas que todos comparten y que son indispensables para tener éxito. A continuación se presentan algunas de ellas.

La principal característica de un emprendedor es que lucha por alcanzar sus metas. Un emprendedor desea lograr lo que se propone y por eso destacar, dejar una huella en el tiempo y en la memoria de las personas, se plantea metas y siempre procura alcanzarlas.

Otra característica de los emprendedores es que desean mantener su **independencia**. No quieren trabajar para una persona que decida por ellos. Por eso, buscan ser sus propios jefes y ser ellos mismos los dueños de su tiempo, de sus acciones, y de su destino. Aunque esto es algo que a muchas personas les llama la atención, no es un proceso fácil y requiere mucha autodisciplina.

Una tercera característica del emprendedor es el **compromiso**. Alguien que no se compromete por completo con lo que hace, no logrará tener éxito como emprendedor porque dar comienzo a una empresa requiere mucho esfuerzo y sacrificio. El emprendedor muestra su compromiso con lo que hace cuando está dispuesto a trabajar a tiempo completo en su empresa y sacrifica la posibilidad de tener un ingreso fijo trabajando para alguien más.

Figura 1: Radiografía del emprendedor

Desarrollada por Sergio Tulio Ponce

Por último, un emprendedor debe tener *tolerancia al riesgo*. El riesgo es la probabilidad que existe de que las cosas no salgan como se planearon. Un emprendedor sabe que ningún negocio es completamente seguro, por lo que debe estar dispuesto a correr cierto riesgo relacionado con el negocio que desea iniciar. Aunque generalmente el emprendedor toma riesgos calculados, está dispuesto a correr riesgos porque cree en su idea.

Estas cuatro características, al combinarse, dan lugar a cuatro cualidades:

1. El *liderazgo*, que es la capacidad de inspirar a los demás, resulta de la unión de la necesidad de logro y el compromiso;

2. El constante estado de *alerta*, por el que busca sin cesar oportunidades de negocios, lo que es resultado de la necesidad de logro y la tolerancia al riesgo. Estar alerta a oportunidades implica ser observador, tener la capacidad de ver oportunidades donde otros no las ven. Por esta cualidad, el emprendedor está atento a convertir las necesidades en oportunidades. Es además, empático, pues tiene facilidad de sentir lo que otras personas sienten, lo que le da el sentido de urgencia en la creación de una producto o servicio;

3. La *determinación*, que surge de la unión entre independencia y compromiso, es la capacidad de tomar decisiones y trabajar hasta lograr los resultados, y por último;

4. La *creatividad* y la *originalidad*, facilitadas por la independencia y la tolerancia al riesgo, que es la capacidad de tener un pensamiento original. En *la Figura 1* se puede ver la "Radiografía del emprendedor", en la que se relacionan las ocho características del emprendedor.

Daniel H. Pink, *La sorprendente verdad sobre que nos motiva*

Caso 1

Steve Job

Steve Jobs fundó Apple en 1976. Apple es una de las empresas más exitosas en la historia de la tecnología y de acuerdo a la revista *Financial Times*, la empresa de mayor valor en la economía mundial, con un valor de aproximadamente 625 billones de dólares (a septiembre de 2012).[4] ¡Esto representa aproximadamente 24 veces el valor de lo que Guatemala produjo en el año 2011!

Steve Jobs es un ejemplo claro de lo que hace un emprendedor. Para Steve Jobs el diseño y la estética era algo fundamental en sus productos. Su atención a los detalles era extraordinaria. Steve Jobs murió de cáncer en el año 2011. Además de producir y vender computadoras, Steve Jobs introdujo nuevos productos al mercado como los famosos iPhone, iPod, iPad, el navegador Safari y muchos más. Frecuentemente el inventario de estos productos se vendía completamente a los pocos días de haber sido presentados al mercado. Por su capacidad innovadora, Steve Jobs es considerado uno de los grandes emprendedores de la historia. Incluso en los años en que no estuvo en Apple fue el fundador de Pixar Producciones, la primera empresa que hizo películas para niños con figuras animadas y efectos 3D. Pixar ha producido películas como *Los Increíbles, Ratatouille, Toy Story, Monsters Inc.*, y otras.

Creative Commons
http://creativecommons.org/licenses/by/3.0/deed.en

---

[4] Fuente: *http://on.ft.com/R3zinR*. Fecha de acceso: 25 de Agosto de 2011.

Yo emprendo

Si te ves frente al espejo del emprendimiento... identifica cinco características de emprendedor que ves en ti y una característica que no ves en ti. Ejecuta durante la semana tres acciones que te permitan ayudar a desarrollarla.

Ejercicios y tarea

1. Explica tres características importantes de un emprendedor de acuerdo a los conceptos básicos que leíste anteriormente.

2. Busca tres artículos en los periódicos de Guatemala e identifica tres emprendedores. Describe brevemente (en menos de cinco líneas por artículo) por qué crees que estas personas son emprendedoras.

3. En el lugar donde vives (colonia, zona de la ciudad o área del pueblo) piensa en una lista de 20 productos o servicios que las personas desean, pero que no existen actualmente.

4. Mira la película "El Hobbit" y encuentra cinco características en los personajes que sean propias de un emprendedor. Escribe cinco líneas por cada característica.

5. Identifica al emprendedor a quien más admiras. Escribe diez líneas explicando por qué admiras a esa persona.

6. Escribe un ensayo de dos páginas en el que te imagines en el futuro como emprendedor. Sé lo más específico posible.

7. Ingresa a la siguiente dirección de Internet:
http://bit.ly/7c9cNa.

Ahí encontrarás un video de Steve Jobs (puedes activar los subtítulos en español); escribe cinco lecciones importantes que deja este video a alguien que aspira ser emprendedor.

8. ¿Cómo definirías a alguien que no es emprendedor?

9. En grupos de cinco estudiantes, discute y responde a las siguientes preguntas:
   a. ¿Debería Guatemala tener más emprendedores? ¿Por qué?
   b. ¿Cómo podría facilitarse la existencia de más emprendedores?
   c. ¿Pueden todos ser emprendedores, independientemente de la etnia, religión, tradición familiar, ciudad en la que viven? ¿Por qué?

10. En grupos de tres prepara una dramatización de un emprendedor que lanza un producto muy novedoso (que no existe actualmente). No olvides darle un nombre atractivo u original.

Identifica tres oportunidades de negocios a tu alrededor.

> "El único lugar en el que éxito viene antes que trabajo es en el diccionario."
>
> *- Vidal Sassoon*

¿Por qué surge el emprendimiento?

2

Objetivos del capítulo:

- Presentar los principales pensadores que han contribuido a comprender el rol del emprendedor en la sociedad, sobre todo desde la perspectiva económica.
- Conocer quién es el emprendedor, qué hace a una persona emprendedora, y los tipos de emprendedor que pueden existir en una sociedad.
- Conocer los beneficios sociales del emprendimiento.

"La chispa de la oportunidad" ¿Por qué no aprender a hacer pan en Internet?

Cápsula

La madre de los hermanos Luis Enrique y Juan Guillermo Harders les enviaba cotidianamente sándwiches al colegio, pero a ellos no les gustaba el pan con el que estaban hechos. Ellos eran deportistas y querían un pan que satisficiera sus necesidades alimenticias y que les gustara. Cualquiera quizá hubiera pensado que el mercado de pan ya estaba sa- turado en Guatemala, pero ellos no lo vieron así. Pensaron que si nadie más lo estaba haciendo quizá ellos lo podían hacer. Juan Guillermo decidió aprender a hacer pan por Internet, específicamente a través de vídeos en YouTube. Ninguno de los dos era panadero y no sabían nada sobre pan. Un amigo de Luis Enrique le decía: "No te preocupes, Internet proveerá". Ellos ahora se ríen de eso porque al final resultó siendo cierto. Hoy en día es sorprendente la cantidad de recursos en línea que hay para emprendedores, desde vídeos de todo tipo como en este caso, hasta cursos gratis por Internet y páginas para solicitar financiamiento de inversionistas a nivel mundial.

Literalmente fueron "probando" la receta. Uno le decía al otro, "yo siento que a esto le falta un poquito de sal, ¿le echamos?" Y los dos decían, "Sí, echémosle", y así regresaron a un modelo de pan artesanal. El pan está hecho con ingredientes frescos y 100% naturales. Es un pan de corteza gruesa, suave y condimentado con semillas y granos que lo hace un alimento sano, nutritivo y sabroso.

Después de varias pruebas, llegaron a un primer producto con el que estaban contentos: un pan integral de muy buena calidad. Decidieron ponerle el nombre de Brohders, término que une dos palabras

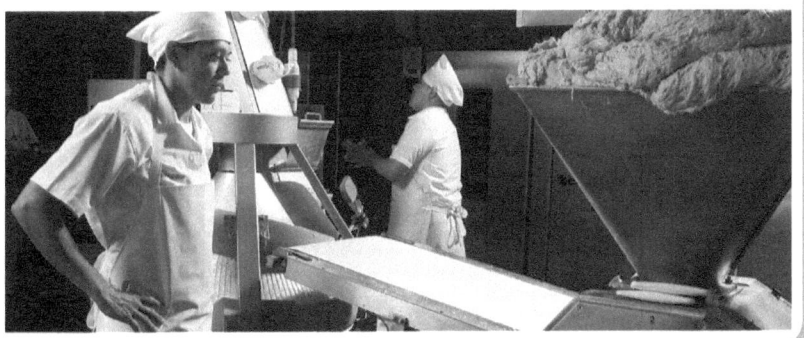

"Brothers" de hermanos y Harders, su apellido.

Luis Enrique, recién graduado de la universidad, estaba indeciso y no sabía si buscar un trabajo en una empresa multinacional o iniciar la empresa con su hermano, pues vio en ella una buena idea de negocio.

Los hermanos Harders empezaron a pequeña escala, haciendo el pan para su mamá, tíos, abuelos, otros familiares y amigos e inclusive lo empezaron a vender en la universidad. Todo esto lo hacían desde su casa. Empezaron en un pequeño cuarto y luego sus padres les apoyaron adaptando un espacio de 35 metros cuadrados para la panadería. Allí instalaron un horno industrial, dos hornos pequeños, una máquina para formar y una mesa. Cuando empezaron a venderle a la tienda PriceSmart, una de las tiendas más prestigiosas en el país, el espacio no era suficiente, por lo que les prestaron un garaje, luego un patio y luego les pidieron que desocuparan el lugar.

En febrero del 2007 iniciaron formalmente, realizando el plan de mercadeo, incluyendo a quiénes y dónde lo iban a vender. No era fácil contactar a supermercados, así que empezaron a venderlo llevándolo a tiendas de bicicletas, farmacias, salones de belleza, gimnasios y cualquier otro lugar donde llegaran señoras, quienes era su mercado objetivo. Llegaban con una canastita y todas las señoras empezaban a preguntar cuánto costaba, y luego lo vendían. Los próximos dos años continuaron vendiendo el pan en pequeños supermercados. Fue clave que el producto lo daban a consignación[5], asumiendo allí gran parte del riesgo del negocio. En palabras de Luis Enrique, la gente les decía: "Si pierden, pierden ellos, no nosotros". Es por esta razón que les fue relativamente fácil ingresar a los primeros lugares donde se ofrecía el pan Brohders.

---

[5] Producto a consignación se refiere a un producto que se entrega para su venta y si después de un plazo no se ha vendido se puede devolver al proveedor o fabricante, sin tener la obligación de comprarlo.

Una de las cosas más importantes que realizaron fue decidir y desarrollar la marca desde el día uno. Establecieron el nombre, la imagen y todo lo que conlleva el concepto y personalidad de la marca, cuidando que reflejara la esencia del producto.

En el 2009, tuvieron la gran oportunidad de que la compradora de una tienda de venta al por mayor, quién visitó la cafetería Le Café en Plaza Decorísima, probara el pan; le gustó mucho y los contactó para ver si podían venderlo en esa gran tienda. Les preguntó si tenían la capacidad para producir grandes cantidades y aunque eran todavía una industria pequeña y no estaban seguros de poder hacerlo, dijeron que sí. Fue uno de esos atrevimientos y pasos de riesgo calculado que dan los emprendedores En ese tiempo solamente ellos dos y dos personas más estaban a cargo de las operaciones, y desde entonces "no han parado." Han trabajado durísimo para llegar a donde están actualmente.

Después de venderle a aquella tienda, también le vendieron a una de las cadenas más importantes de supermercados en Guatemala por año y medio. En cuanto a otra cadena grande de supermercados a nivel nacional, sabían que no querían entrar todavía, pues era lo más grande y difícil. Fue hasta el 2012 que le empezaron a vender a esta cadena que era el último de los supermercados grandes que les faltaba, y están muy contentos de cómo el pan se ha vendido allí.

En ese mismo año ya contaban con una fábrica, la Panificadora Brohders Bakery en zona 13, con aproximadamente 60 empleados. Nunca se preguntaron si fracasarían; más bien pensaron, "ahora ya nos metimos, ahora le hacemos ganas".

Para más información, puedes ver este video:
http://goo.gl/sqWLGH

"La cascada de un emprendimiento"

Cápsula

De panadería familiar a proveedor de McDonald's para Latinoamérica

La historia comenzó en 1992, con el sueño de la esposa de Juan Carlos Paiz, de hacer crecer la panadería que habían establecido sus padres en 1960, y el sueño de Juan Carlos de hacerlo en gran escala para abastecer diferentes países.

La empresa Panifresh siguió con la producción de pan sándwich, que era lo que originalmente se producía, pero identificaron la oportunidad de proveer pan a diferentes restaurantes y cadenas de conveniencia. Fue así como en 1996, en alianza con Fresh Start Bakeries —actual proveedor de pan para McDonald's— empezaron como proveedores de los restaurantes McDonald's en Guatemala para luego extenderse a otras cadenas como Pizza Hut y Wendy's. La variedad de productos fue creciendo, incorporando una línea de English Muffin en 1997 y una línea de pies congelados de manzana y piña en 2000.

La primera aventura de exportación fue en 1995, cuando un contacto les solicitó un contenedor de pan congelado para hamburguesa para una tienda de McDonald's en Honduras. El envío del contenedor se atrasó y llegó a punto de descongelarse a Honduras. El mismo Juan Carlos tuvo que ayudar a cargar las canastas de pan de un camión a otro para poder entregarlo a tiempo en el restaurante. Esta es una de tantas anécdotas de las

que han aprendido a través de los años. Actualmente, debido a que los servicios de congelado son muy caros, uno de los proyectos de la empresa es construir un congelador con capacidad para 70 contenedores y así poder enfriar más o menos 80,000 panes por hora. Actualmente exportan el pan de hamburguesa a Costa Rica, Panamá, República Dominicana y Puerto Rico.

En el 2006, los Paiz decidieron diversificar sus productos haciendo postres congelados para distintos clientes, entre ellos Café Barista, y en 2007 introdujeron la línea de tortilla de harina. En 2010, iniciaron la producción de pan baguette congelado para la empresa Quiznos y en 2013 comenzaron la producción de croissants.

En 2014, Panifresh elabora una amplia variedad de productos y los exporta a más de 20 países en Latinoamérica y Europa.
La visión de Panifresh es ser la mejor panadería de Latinoamérica y se caracteriza por ser una empresa que busca y aplica constantemente la innovación en sus productos y procesos.

Entre las principales lecciones aprendidas en su travesía como emprendedor, Juan Carlos menciona el valor de la perseverancia, que ha sido el hilo conductor durante los más de 20 años que lleva el negocio. También menciona lo importante que es hacer lo que a uno le gusta, saber que lo que se ve como un fracaso debe ser visto como un problema que resolver y aceptar que uno no sabe todo.

Para más información entra a la página de Panifresh:
http://panifresh.com.gt/.

También pueden ver un video de Panifresh y uno de Juan Carlos donde se cuenta la historia de la empresa:
https://goo.gl/37OiO7

El "fracaso," el impulso de la derrota:
http://goo.gl/WYaHw2

El emprendimiento es una de las fuerzas más importantes que hacen crecer la economía de un país. Por esta razón la ciencia económica ha estudiado el emprendimiento con gran atención. El emprendimiento surge de la capacidad innata del hombre por crear y su deseo de mejorar. En esta sección vamos a conocer a algunos de los pensadores más importantes que han estudiado el tema del emprendimiento: Joseph Schumpeter, Israel Kirzner y William Baumol.

> ❝ La mejor razón para crear una empresa es para tener un impacto: crear un producto o servicio que haga del mundo un lugar mejor. ❞
>
> *- Guy Kawasaki*

Joseph Schumpeter

Joseph Schumpeter fue un economista austriaco que pasó muchos años enseñando en los Estados Unidos de América. Él acuñó la idea de destrucción creativa para referirse a que el empresario crea artículos novedosos, los cuales, a su vez, reemplazan artículos ya existentes en el mercado. Por ejemplo, cuando surgió la tecnología de CD y DVD, desaparecieron tecnologías existentes, como los casetes para escuchar música y para ver películas. Otro ejemplo son los teléfonos inteligentes, porque mientras más personas los adoptan, los teléfonos antiguos van saliendo paulatinamente del mercado. En este sentido es que la destrucción es creativa; las nuevas creaciones van dejando atrás, o van "destruyendo", a las antiguas. El fenómeno de la destrucción creativa es lo que hace que un emprendedor se encuentre forzado a continuar innovando, ya que de no hacerlo, otros emprendedores ofrecerán mejores productos y podrían desplazarlo del mercado. Imagina qué hubiera pasado con Apple si sólo hubieran lanzado el primer *iPhone* y se hubieran tardado cinco años en lanzar el siguiente modelo...

Muchos emprendedores, sin embargo, crean e innovan, no por el miedo de ser desplazados del mercado, sino por la pasión misma del acto creativo: por la emoción de crear algo que no existe y de obtener los beneficios correspondientes.

Joseph Schumpeter.
Fuente: Wikimedia Commons
http://creativecommons.org/licenses/by-sa/3.0/deed.en

De acuerdo a Schumpeter el proceso de destrucción creativa va unido estrechamente al proceso de desarrollo o desenvolvimiento económico de los países. En su libro *La Teoría del Desenvolvimiento Económico* (1949), Schumpeter explica que el desarrollo económico ocurre cuando se generan nuevas combinaciones de productos o cuando los productos que existen se alteran sustancialmente para crear algo nuevo. Esto incluye nuevos productos, nuevos métodos de producción, descubrimientos de fuentes de recursos diferentes y más baratas, nuevas formas de organización de negocios, y nuevos mercados para productos ya existentes. Estas nuevas "combinaciones" agregan valor a la economía (Schumpeter, 1949). Se produce entonces un cambio social y un proceso de adaptación. Y es precisamente el emprendedor quien promueve nuevos descubrimientos e invenciones. Comprendemos entonces, claramente, que sin emprendedores las economías no se desarrollarían.

Joseph Schumpeter, La teoría del desenvolvimiento económico

Israel Kirzner

Otro pensador que ha hecho contribuciones fundamentales a la teoría del emprendimiento es el economista Israel Kirzner. Kirzner es profesor emérito de la Universidad de Nueva York. Él ha explicado que el papel del emprendedor en la economía, o en el mercado, es el de identificar oportunidades para introducir nuevos productos. Es decir, una de las características más importantes del emprendedor es la de estar alerta a oportunidades. De acuerdo a Kirzner, el emprendedor aprovecha los desequilibrios en el mercado, la brecha entre lo que se ofrece actualmente y lo que los consumidores demandan, para obtener una ganancia. El empresario funciona como una fuerza equilibradora de mercado,

El profesor Israel Kirzner.
Fuente: Wikimedia Commons
http://creativecommons.org/licenses/by-sa/3.0/deed.en

entre oferta y demanda. Un ejemplo es un comerciante que observa que el precio del tomate es bajo en cierta región del país, pero es alto en otra. Al comprar a un precio y vender a un precio más alto, el emprendedor está aprovechando una oportunidad de ganancia. En este sentido el emprendedor es un intermediario que va equilibrando, o igualando, los precios en el mercado. En su afán de aprovechar una oportunidad de negocios, el emprendedor compra productos y los traslada a lugares lejanos donde los consumidores están dispuestos a pagar un precio más alto. Como puede verse, el emprendedor es un actor fundamental.[6]

Muchos guatemaltecos se dedican a importar y exportar productos. Por ejemplo, traen al país productos electrónicos o de alta tecnología que no son producidos en Guatemala. Los compran a un precio menor al que los venden y obtienen una ganancia. Lo mismo ocurre con los exportadores. Guatemala ha sido un exportador de productos agrícolas, vegetales y textiles. Los emprendedores en estos negocios producen o compran estos productos en Guatemala y los venden a precios más altos en otros países. Por ejemplo, los vegetales producidos en el pueblo de Almolonga, Quetzaltenango, se venden en varios países en Centroamérica y México.

Como podemos ver, la ganancia es un factor fundamental que le permite a los emprendedores existir. Si no hay ganancias, no existe el incentivo para el emprendedor.

Una simple razón es que el emprendedor debe sostenerse por sí mismo, es decir, debe generar los ingresos económicos necesarios para sobrepasar los costos de su negocio, incluyendo el costo de su tiempo, su conocimiento y su trabajo.

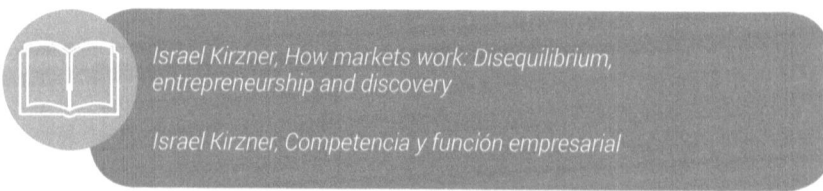

Israel Kirzner, *How markets work: Disequilibrium, entrepreneurship and discovery*

Israel Kirzner, *Competencia y función empresarial*

---

[6] *Para mayor conocimiento sobre las teorías de Kirzner, puede consultarse Kirzner (1975).*

Video: Emprendimiento y el proceso de mercado (Entrepreneurship and the Market Process) (Israel Kirzner): https://goo.gl/Rw315h (disponible en inglés).

Video: Schumpeter e innovación (Schumpeter on innovation): https://goo.gl/OaEojQ (disponible en inglés).

William Baumol

Al igual que Israel Kirzner, William Baumol ha sido profesor de economía en la Universidad de Nueva York. En uno de sus artículos más famosos, llamado "Entrepreneurship: Productive, Unproductive and Destructive[7]" (Emprendimiento: productivo, improductivo y destructivo), Baumol clasifica a los emprendedores en tres categorías, dependiendo de las reglas del juego que existen en una sociedad.

Baumol afirma que todas las personas tienen talento para ser emprendedores. Hombres o mujeres, asiáticos o latinos, indígenas o ladinos, todos y todas tienen las capacidades para emprender y crear productos innovadores. La diferencia radica, sin embargo, en que en ciertas sociedades las personas orientan sus talentos hacia actividades productivas (por ejemplo, creación de tecnologías), improductivas (como algunos proyectos de gobierno que no crean ni destruyen), o actividades destructivas (por ejemplo, el crimen organizado).

En una sociedad como la de Silicon Valley, en California, Estados Unidos, predominan las reglas y leyes claras, que aseguran la propiedad privada, garantizan la certeza jurídica y reducen al mínimo la corrupción y la discrecionalidad de la ley. Las reglas existentes en esta sociedad incentivan a la personas a orientar sus talentos a las actividades creadoras de nuevas tecnologías. Algunos ejemplos de empresas que se han fundado en Silicon Valley son LinkedIn, Sun Microsystems, Adobe, Cisco, Apple y Microsoft, entre muchas otras. Silicon Valley se ha constituido en una especie de imán que atrae a personas innovadoras desde todas partes del mundo. Las reglas o leyes que imperan en ese lugar son fundamentales para que muchas empresas hayan surgido allí. La probabilidad de que el gobierno expropie los activos o las ganancias de las empresas es casi cero, entre otras ventajas. En resumen, los emprendedores que se trasladan al Valle saben que si tienen éxito se podrán apropiar y disfrutar de los frutos de

---

[7] *Journal of Political Economy*, 1990.

su trabajo. A este tipo de emprendimiento Baumol lo llama **emprendimiento productivo**.

En contraste con Silicon Valley, podemos pensar en algunas sociedades que tienen las características opuestas: no se garantizan los derechos de propiedad, las reglas no son estables, existe la posibilidad de que el gobierno expropie los activos de las empresas, los robos y asaltos son frecuentes, etc. En estas sociedades, muchas personas, en lugar de orientar sus talentos creadores hacia actividades productivas, los usan para actividades que destruyen; por ejemplo robos y secuestros. A esto se refiere Baumol con **emprendimiento destructivo**. No es que todas las personas lo hagan, pero muchas lo harán, ya que las reglas existentes lo permiten. No tiene mucho sentido crear e innovar en una sociedad en la que, tarde o temprano, los asaltantes robarán los frutos del trabajo de los emprendedores. Sociedades como la guatemalteca han sido muy afectadas por el emprendimiento destructivo.

Por su parte, el **emprendimiento improductivo** se refiere a los casos en que las reglas del juego permiten que las personas utilicen las leyes para conseguir ganancias. Esto lo pueden hacer a través de permisos especiales del gobierno o por medio de juicios y demandas que les permitan sacar algún provecho, ya sea del gobierno mismo, de otras personas o de empresas competidoras. La principal diferencia entre el emprendimiento improductivo y el destructivo es que el emprendimiento destructivo utiliza actividades que en su mayoría son ilegales, mientras que, el emprendimiento improductivo generalmente se encuentra dentro de la ley.

> 66 Los emprendedores promedian 3.8 fracasos antes de alcanzar el éxito. Lo que diferencia a los que tienen éxito es su extraordinaria persistencia. 99
>
> *- Lisa Amos*

El ciclo del emprendimiento

Observa la *Figura 2*. Este diagrama es la adaptación reciente de una investigación realizada por Frank Gunter (2012) que describe el ciclo del emprendimiento. El gráfico es un modelo de los procesos de cambio e innovación en una economía. Éste explica la forma en que las economías evolucionan con base en las teorías de dos pensadores que hemos conocido anteriormente: Israel Kirzner y Joseph Schumpeter.

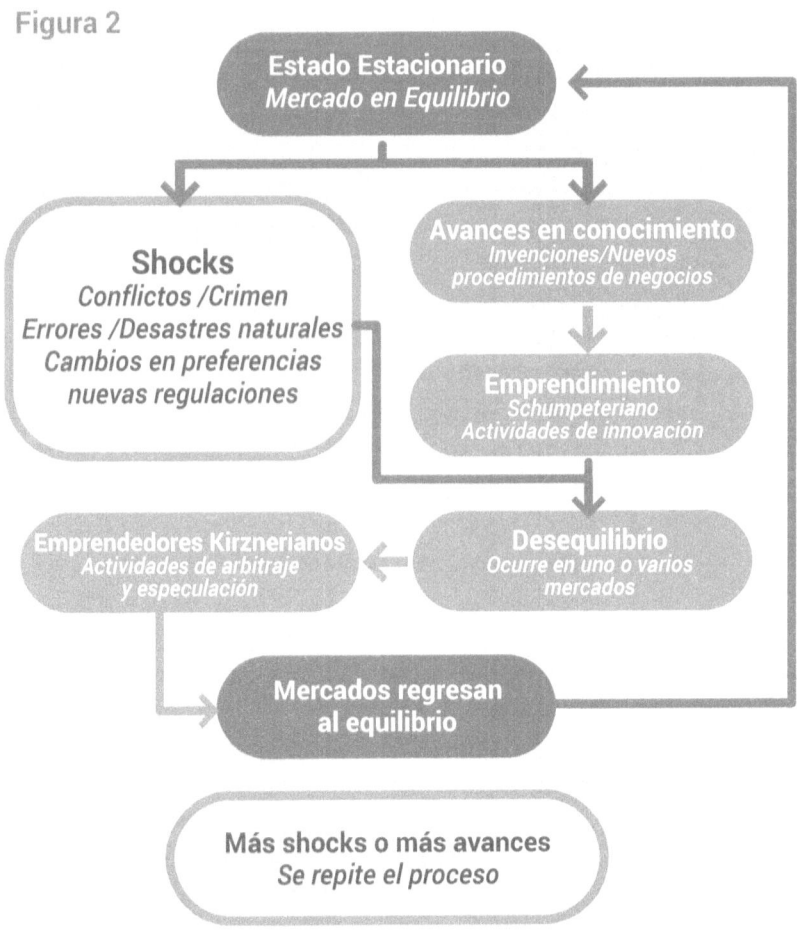

Figura 2

Gunter comienza con el supuesto de que la economía se encuentra en un estado estacionario o de equilibrio. Esto quiere decir que los individuos que se encuentran en la economía no tienen incentivos para cambiar sus preferencias o sus acciones. El **equilibrio** se da cuando los compradores compran lo que desean a un precio que les parece razonable y los vendedores venden lo que desean a un precio que les parece razonable. Tanto compradores como vendedores están satisfechos y el total de unidades producidas en el mercado se vende.

El desequilibrio entra en el mercado por dos causas:
1) por **shocks** o cambios drásticos en las condiciones del mercado o,
2) por avances en el conocimiento.

1) Shocks o cambios drásticos en condiciones de mercado

Estos pueden darse por conflictos o crimen. Imagina lo que pasa en sociedades que sufren revoluciones violentas, guerras civiles, o altas tasas de criminalidad; el equilibro de mercado se altera. En condiciones tan adversas es muy difícil que los compradores y vendedores obtengan lo que desean a precios razonables. En estas circunstancias los precios se elevan, especialmente los precios de los alimentos, agua y vivienda. Es decir, se crean desequilibrios en varios mercados. Ante estos desequilibrios surgen los emprendedores que responden a tales shocks. Por ejemplo, al notar que los precios de los alimentos son más altos, pueden identificar una oportunidad de negocio y traer alimentos de otras regiones. A esto se le conoce como *arbitraje*. Esto, a su vez, hace que los precios empiecen a bajar, quizá no al nivel que estaban antes del *shock*, pero se empieza a reestablecer el equilibrio.

Otra actividad que hacen los emprendedores para restablecer el equilibrio es la especulación. Especular significa anticipar un hecho o un fenómeno y tomar acciones al respecto. Por ejemplo, si tú esperas que el precio del producto que vendes suba en el futuro, prefieres venderlo en el futuro a venderlo en el presente, pues obtendrás mayores ganancias. Entonces, lo retiras del mercado ahora. Al venderlo en el futuro a mayores precios tú obtienes una ganancia. Esa ganancia es la recompensa por haber anticipado correctamente los precios de tu producto. Si varios productores simultáneamente anticipan ese incremento retirarán sus productos en el presente y los sacarán a la venta en el futuro; sin embargo, la menor oferta ahora y la mayor oferta en el futuro hará que los precios suban ahora y bajen en el futuro. La especulación, contario a lo que comúnmente se piensa, ayuda a reducir altas variaciones en precios. Tanto el arbitraje como la especulación son actividades que realiza el **emprendedor kirzneriano**. Emprendedor kirzneriano es quien identifica oportunidades de negocio.

La manera en que los emprendedores reaccionan ante el shock es de tipo kirzneriano, en el sentido que ellos ven una oportunidad de ganancia y la aprovechan. Lo mismo ocurre cuando se dan desastres naturales como terremotos y huracanes. Cuando estas calamidades ocurren, los precios aumentan por reducciones en la oferta de los productos y por mayor demanda por compradores que desean abastecerse. Los precios de bienes básicos se incrementan, se crea un desequilibrio en el mercado, pero los emprendedores notan oportunidades de negocio comprando a un precio en un lugar y vendiendo a un precio más alto en las áreas afectadas. Esto empieza a establecer un nuevo equilibrio.

Los cambios en preferencias también alteran el equilibrio en varios mercados. Esto ha ocurrido, por ejemplo, en la preferencia por consumir productos con bajos niveles de grasa. Por motivos de salud, las personas cambian sus preferencias alimenticias y desean comer vegetales y frutas y productos de dieta. Esto produce desequilibrios en varios mercados. Por ejemplo, en el mercado de hamburguesas o el de pizza, cuya demanda se ve disminuida. El emprendedor responde creando nuevos productos o modificando los ya existentes. Por ejemplo, produciendo una hamburguesa vegetariana, productos con menor grasa, o nuevos productos que respondan a las nuevas preferencias de los consumidores, hasta que se alcanza un nuevo equilibrio.

Los desequilibrios también pueden ser motivados, no solo por shocks, sino por la invención, imaginación, y avances en conocimiento por parte de los individuos de una sociedad. Por ejemplo, el avance en la tecnología y la invención de algunas personas ha dado como resultado los llamados teléfonos inteligentes. Estas tecnologías causan desequilibrios en varios mercados.

Las nuevas regulaciones también crean desequilibrios. Imagina, por ejemplo, que el gobierno decidiera legalizar la marihuana en Guatemala. Esto crearía desequilibrios en diferentes mercados. Se usaría la marihuana para propósitos medicinales, de entretenimiento e incluso alimenticios. Esto afectaría productos en la industria farmacéutica que podrían ser sustituidos por productos basados en la marihuana, quizá calmantes o anestésicos. Quizá las personas sustituirían el consumo alcohol por el consumo marihuana y quizá empezarían a surgir pasteles o postres.

2) Avances en conocimiento, invención, y nuevos procedimientos de negocios

Como explicamos anteriormente, los avances tecnológicos vienen de la innovación y avances en el conocimiento; estos tres elementos se refuerzan a sí mismos y genera nuevos productos y servicios. Este proceso lo definió Joseph Schumpeter como un proceso de destrucción creativa: nuevos productos surgen en el mercado pero otros son desplazados del mercado. Se dan desequilibrios en diferentes mercados porque se generan nuevas oportunidades en ciertos mercados pero se pierden oportunidades en otros. Por ejemplo, el surgimiento de teléfonos celulares creó nuevas oportunidades y nuevos mercados pero *destruyó* otras oportunidades y otros mercados, como en el mercado de líneas de teléfono fijas, que han ido reduciéndose en varias partes del mundo.

En el caso de los teléfonos celulares se dan nuevas oportunidades, como por ejemplo:

- Venta de teléfonos celulares en lugares del mundo donde todavía no existen, así como venta de estuches y accesorios.

- Nuevos programas de *software* o aplicaciones para teléfonos inteligentes.

- Uso de Internet en teléfonos celulares inteligentes.

- Nuevos canales de publicidad para empresas que se anuncian por medio de mensajes de texto.

- Servicios de salud, educación, etc., por medio de teléfonos celulares.

- Venta y distribución de libros, revistas, y periódicos por medio de teléfonos celulares.

La cantidad de nuevos mercados y nuevos negocios, debidos al avance tecnológico, ofrece nuevas oportunidades para los emprendedores kirznerianos que buscan ganancias. Es por ello que en el caso de la generación de nuevas tecnologías, conocimientos, e innovaciones, el emprendedor schumpeteriano abre las puertas al emprendedor kirzneriano, como podemos ver en el gráfico. El **emprendedor schumpeteriano** es quien crea nuevos productos que desplazan del mercado a los productos existentes. Al entrar en escena el emprendedor kirzneriano, se vuelve a establecer el equilibrio en los mercados y empiezan otros ciclos.

En realidad, lo que ocurre en el mercado es que estos procesos se dan simultáneamente y los mercados están en constante movimiento. En economías donde se respetan las leyes y existe **libre competencia** (es decir, que no existen barreras artificiales, como leyes que limitan la competencia, para el surgimiento de nuevas empresas en el mercado) los mercados están en constante equilibrio y desequilibrio. De hecho, los mercados sumamente dinámicos casi no permanecen en equilibrio, están en constante innovación. Piensa, por ejemplo, en las computadoras, que han ido mejorando su capacidad y reduciendo sus precios constantemente durante los últimos años. En el caso de las computadoras, por ejemplo, tanto los empresarios schumpeterianos como los kirznerianos están activamente operando en el mercado.

Mientras más dinámico es el proceso de equilibrio y desequilibrio, más desarrolladas serán las economías, menores serán los precios y mayor diversidad de productos tendrá a su alcance el consumidor. Por estas razones, es importante que no existan barreras a nuevos emprendedores en el mercado. Así se incrementará el proceso de desarrollo o desenvolvimiento económico del que hablaba Joseph Schumpeter.

Charles F. Kiefer and Leonard A. Schlesinger, Action trumps everything: Creating what you want in an uncertain world
Anya Gupta, ed., The captainship: First gen entrepreneurs

Google

Caso 2

Google se ha convertido en parte de nuestras vidas; lo usamos constantemente para buscar y encontrar información en Internet. Google es el buscador por excelencia, domina el mercado de motores de búsqueda.

La historia de los motores de búsqueda, sin embargo, no empieza con Google. Antes de Google existían varios buscadores importantes:
Yahoo, Netscape, Altavista, etc.

Google se estableció en el mercado debido a su innovación tecnológica. Los fundadores de la empresa, Sergey Brin y Larry Page, desarrollaron un algoritmo sofisticado que hace que las búsquedas de información sean más precisas. Anteriormente, los buscadores tomaban en cuenta el número de veces que un término de búsqueda aparecía en la página, pero Brin y Page desarrollaron una clasificación de páginas que toma en cuenta la importancia de las páginas que tenían enlaces hacia otras páginas. El algoritmo se va perfeccionando a lo largo del tiempo a medida que va incorporando los millones de búsquedas que se hacen diariamente. Una estrategia similar sigue el buscador Baidu, usado principalmente en China y Japón.

Google fue creado mientras sus fundadores eran estudiantes en la Universidad de Stanford, en 1996. La idea fue el producto de un proyecto de investigación y Google se convirtió en una corporación en 1998. La empresa obtiene ingresos, principalmente, de la venta de publicidad que aparece en los resultados de búsqueda mediante su sistema AdWords, así como de otros servicios.

Google ha sido una empresa innovadora, ya que ha creado nuevos productos, tales como Gmail, Google Maps, Google Public Data, Google+, el sistema operativo Android, y muchos otros. Gmail es un proveedor de correo electrónico, Google Maps es un proveedor de mapas, direcciones, distancias, etc., y Google Public Data es un proveedor de datos económicos y sociales en diferentes regiones y países. Google también ha comprado otras compañías como YouTube y Keyhole, que se convirtió en Google Earth. Definitivamente, esta es una de las empresas de mayor crecimiento en el mundo, en productos, expansión, innovación y alianzas.

Google promueve una cultura organizacional que valora la innovación y el pensamiento creativo en sus empleados. Por ello, organiza sus edificios y oficinas de tal manera que el empleado se sienta en un ambiente adecuado para crear e inventar. De hecho, el empleado es motivado para usar el veinte por ciento de su tiempo diario para pensar en nuevas ideas, sin presión y sin un horario rígido que muchas veces reduce la creatividad. Muchos productos de Google se han originado en el uso del "tiempo libre".

Los fundadores de Google representan a un tipo de emprendedor schumpeteriano, ya que innovaron y utilizaron la tecnología existente para crear un nuevo producto, que sin duda trajo destrucción creativa. Si deseas saber más sobre este caso, hay mucha información disponible en línea, solo debes buscar "Google" en Google.

> ❝ Algunas personas sueñan con grandes logros, mientras que otros no duermen cumpliéndolos. ❞
>
> - Anónimo

Yo emprendo

Enciende tu chispa de la oportunidad: anota en este espacio, cada día, por una semana completa, una oportunidad de negocios que hayas observado durante el día.

Día 1: ....
Día 2: ....
Día 3: ....
Día 4: ....
Día 5: ....
Día 6: ....
Día 7: ....

Ejercicios y tarea

1. Explica dos diferencias importantes entre el emprendedor schumpeteriano y el emprendedor kirzneriano.

2. ¿A qué se refiere Joseph Schumpeter con el concepto "destrucción creativa"? Explica dos ejemplos.

3. ¿A qué se refiere el economista William Baumol al hablar de "emprendedor productivo", "emprendedor improductivo" y "emprendedor destructivo"?

4. Habla con un emprendedor en tu localidad. Hazle varias preguntas para identificar qué lo motiva. Define si se trata de un emprendedor schumpteriano o kirzneriano.

5. Identifica dos obstáculos que dificulten el surgimiento de nuevos emprendedores en Guatemala.

6. William Baumol afirma que el tipo de emprendedor en una sociedad depende de las reglas del juego que prevalecen. ¿Qué reglas del juego existen en Guatemala que favorecen el emprendimiento productivo? ¿Qué reglas favorecen el emprendimiento destructivo?

7. Escribe un ensayo de dos páginas ilustrando el estado estacionario y el ciclo del emprendimiento, usa un producto o servicio en particular, y muestra cómo ese nuevo producto rompe el equilibrio, y cómo se restaura el nuevo equilibrio.

8. Imagina que debes redactar una carta al Presidente de Guatemala con base en lo que has aprendido en esta sección, dándole ideas para mejorar el emprendimiento en Guatemala. Redacta la carta en una página.

9. Imagina que eres profesor de emprendimiento de estudiantes de la escuela primaria. Escribe los puntos principales que cubrirías en tu primera clase para motivarlos a aprender más sobre emprendimiento.

10. En grupos de tres, recuerda tres películas que hayas visto, en las que se reflejen algunos de los valores de un emprendedor. Redacta una lista de los valores que muestra cada película.

Piensa en 3 necesidades que ves insatisfechas en un día normal para un joven como tú.

3

Todos somos emprendedores

Objetivos del capítulo:

- Conocer que el emprendimiento es también una actitud ante la vida. Esta actitud debe cultivarse y entenderse desarrollando ciertas habilidades en las que el individuo puede especializarse.
- Conocer el conepto de "ventaja competitiva," y aplicarlo en forma personal, identificando habilidades en las que tenemos más posibilidades de destacar.
- Reconocer que los proyectos emprendedores tienen más probabilidad de tener éxito cuando se colabora con otras personas. Es decir, no son proyectos de un solo individuo.

"Imaginar sin limitaciones" Los hermanos Reyes Cardona crean Cardon Chocolates

Cápsula

Todo comenzó en una cena de familia en el año 2005. Boris Reyes y su hermano Miguel estaban finalizando sus estudios universitarios y querían hacer algo diferente al graduarse, y surgió la idea de empezar un negocio propio, sin saber qué hacer aún.

Empezaron con una "lluvia de ideas" sobre productos que a cada uno le gustaban. Miguel propuso hacer algo relacionado con mantequilla de maní, haciendo mantequillas de otros sabores, como semilla de marañón y almendras. Boris por su parte propuso hacer productos con aguacate, como yogurt con trocitos y leche con aguacate. Sin embargo, a estas propuestas les encontraron obstáculos, ya que no eran productos tan fáciles de producir y comercializar.

Ambos tenían siempre la costumbre de acompañar a su madre al supermercado, y siempre se fijaban en los empaques de los productos, si eran productos importados o producidos localmente y si eran productos fabricados por grandes empresas o empresas pequeñas. Uno de los productos que les llamó la atención era un café instantáneo con chocolate. Y fue en una de esas ocasiones en la que decidieron enfocarse en chocolates. Al principio iniciaron trabajando en un proyecto de chocolate de cobertura artesanal, bajo la marca El Jornalero y utilizando un nombre de empresa nacional Grupo Guaxhtlatoyac, pues ellos son originarios de Guastatoya.

En los años 90 la familia se trasladó a la Ciudad de Guatemala buscando un mejor futuro y nuevas oportunidades.

Siempre fueron personas que se enfocaron en identificar quiénes eran los mayores competidores, qué es lo que ya había en el mercado y qué podía hacerse de manera distinta. Estudiaron más en detalle e identificaron tres segmentos de chocolate existentes: barras, bombones y cobertura; y tres tipos de chocolates: el más popular el chocolate con leche, seguidos por el chocolate oscuro y el blanco. Los de cobertura de chocolate oscuro fue el segmento al que Boris y su hermano decidieron entrar con productos gourmet.

Empezaron produciendo con una pequeña máquina importada de Estados Unidos, y elaborando los chocolates en el comedor de su casa. Así es como empiezan trabajando con café, semilla marañón, maní y pasas cubiertas con chocolate oscuro con 53% de cacao, proporcionando elementos diferenciadores para lograr ingresar al mercado.

MAKING THINGS HAPPEN

Inicialmente, en el 2008, lanzaron la marca El Jornalero bajo el concepto artesanal hecho en Guatemala; sin embargo, se dieron cuenta de que los clientes no notaban el producto, además de no reflejar la calidad gourmet que buscaban. Por esta razón, decidieron renovar y empezar de cero nuevamente, buscando una marca y un empaque, que inspiraran innovación, calidad y elegancia.

Así es como nace Cardon Chocolates, un nombre que deriva de su segundo apellido, Cardona, que es fácil de pronunciar en español, inglés e inclusive francés. Después de varios intentos, conociendo el mercado, los clientes y compradores, se genera la primera oportunidad con Cemaco. Actualmente se encuentran en Supermercados Walmart, tiendas Paiz, La Torre, en Simán como marca propia y en Ánfora como marca privada. Actualmente, están trabajando en proyecto de llegar a más puntos de venta en la ciudad capital y en los departamentos, y en llevarlo a México, El Salvador, Honduras y Nicaragua.

"La cascada de un emprendimiento"
Los guatemaltecos ahora son Barista Lovers

Cápsula

Café Barista nació en Guatemala para ofrecer un lugar en el que los guatemaltecos pudieran tomar el mejor café del mundo.

En 1990, Walter De la Cruz realizó su primer emprendimiento durante seis años pero quebró. Le faltó comunicación con sus socios y más disciplina en la planeación del crecimiento del negocio.

Su segundo emprendimiento fue Café Barista, el cual fundó por sí mismo pero con mucho apoyo de amigos, familiares y las personas que lo acompañaron y tomaron el reto de trabajar con él. El primer local de Café Barista estaba ubicado sobre la 5ª avenida de la zona 14. Cuando empezó, los *coffee shops* que existían en Guatemala eran muy pocos.

A los dos años de haber comenzado, ya se habían abierto cuatro tiendas. El plan era crecer una tienda cada cuatro años, un crecimiento relativamente lento. Pensó en abrir un café más y fue ahí donde su cuñado le ofreció ser su socio en el negocio, comprando parte de la empresa pero sin involucrarse en las operaciones. Lo analizó cuidadosamente durante tres o cuatro meses, pues sabía que involucrarse con su familia política podría ser algo

difícil. Finalmente, decidió aceptar, porque sabía que eran personas conocedoras de negocios, de sociedades, de empresas familiares y que esa experiencia le serviría para crecer. Hicieron la sociedad, continuaron creciendo y Walter seguía manejando el negocio. Llegó un momento en que el negocio alcanzó un tamaño que Walter ya no podía administrar de forma óptima. Necesitaba más infraestructura y que más personas se involucraran. Vino la pregunta de qué hacer con el negocio y se realizó un plan de crecimiento para los próximos cuatro años. Se consideró que era momento de buscar un nuevo socio que aportara conocimiento y experiencia.

Pollo Campero les hizo una oferta para comprar parte del negocio y apoyarles en el crecimiento de Café Barista. Lo que más le interesó a Walter y a su cuñado fue la experiencia y el apoyo administrativo que Pollo Campero podía brindar. La negociación no fue fácil, y tardó un poco más de 18 meses pero se logró cerrar de buena manera. Actualmente, Walter continua el desarrollo de su instinto emprendedor habiendo establecido Carmen, un restaurante para picar y compartir que se basa en ingredientes premium y recetas fáciles.

Vivimos en un mundo que cambia constantemente, casi a diario se crean nuevas tecnologías, empresas nuevas surgen en el mercado, y muchas otras quiebran y salen del mercado. Es muy difícil cambiar esta forma de ser de la economía global. Lo que sí podemos hacer es adaptarnos a ella y beneficiarnos de estos cambios. Adaptarse a los cambios es la clave del éxito profesional. Los individuos o empresas que no pueden adaptarse tendrán muchas dificultades económicas y profesionales. Una de las mejores formas de adaptarse es ver tu vida como una empresa. Esto incluye iniciativa, innovación y aprovechamiento de tus redes sociales.

En los últimos dos años hemos visto caídas de grandes industrias y empresas. El autor Ben Casnocha nos habla de la industria automovilística de Estados Unidos. El automóvil fue inventado en Estados Unidos a principios del siglo veinte. Sin embargo, fue Henry Ford quien varios años después revolucionó la industria de manufactura y fabricación cuando inventó la línea de producción en masa, la que le permitió fabricar más automóviles en menos tiempo y a precios más bajos. De esta forma surgió Ford Motor Company, que dominó la producción automovilística en el mundo por muchos años. Surgieron también otras compañías americanas como General Motors y Chrysler. Estados Unidos se convirtió en el líder mundial de la producción, y con ella vino una gran riqueza.

La producción se concentró en ciudades del norte del país como Detroit, Michigan. Detroit se convirtió en una de las ciudades más ricas a mediados del siglo veinte y atraía a una gran cantidad de personas que deseaban trabajar en la producción de vehículos e industrias vinculadas a ella. La ciudad llegó a tener más de un millón y medio de habitantes. La prosperidad llegó a millones de familias, quienes llegaron a tener un nivel de vida muy alto, con acceso a servicios de salud y entretenimiento que nunca antes habían tenido. Estos grandes beneficios eran merecidos, ya que los automóviles que producían eran comprados en todas partes del mundo, desde países en África hasta Guatemala. Esta es precisamente la forma en que los países y las personas prosperan económicamente, cuando crean productos o servicios que otras personas demandan y están dispuestas a comprar. En este caso el mundo deseaba automóviles y muchos pagaban por ellos. Así llegó la riqueza a Detroit.

Con el pasar del tiempo, Ford y las otras empresas estadounidenses empezaron a producir carros más grandes, que daban mayor comodidad, pero que usaban más gasolina. Al mismo tiempo, en Japón surgía una pequeña empresa que empezó a producir vehículos más pequeños, que consumían menos gasolina y que tenían precios más bajos. Las empresas americanas no le prestaron atención a la empresa Japonesa que avanzaba lentamente pero con paso seguro. Esta empresa se llama Toyota.

> **Un hombre con una nueva idea es un loco hasta que ésta triunfa.**
> *- Mark Twain*

A principios de los años setenta subió el precio del petróleo y por lo tanto los precios de los combustibles. Esto se debió a acuerdos que se dieron entre los principales países exportadores de petróleo (la OPEP – Organización de Países Exportadores de Petróleo). La OPEP pensó que al hacer un acuerdo de reducción de producción petrolera, los precios del petróleo subirían y ellos obtendrían mayores ingresos de sus ventas. Esto tuvo consecuencias devastadoras para empresas como Ford, que producían vehículos grandes que consumían mucho combustible. Pero favoreció a empresas como Toyota, que producían vehículos más pequeños y económicos. Muchos consumidores a nivel mundial empezaron a preferir vehículos Toyota a los vehículos americanos.

Las empresas automovilísticas americanas empezaron a ver cómo sus ventas se reducían, sus ganancias se reducían y tenían que despedir empleados. Su participación en el mercado se redujo significativamente. Al mismo tiempo, entraban al mercado otras empresas con carros pequeños, como Honda, Mazda, Nissan... Esto trajo mayores problemas a las empresas estadounidenses que no se adaptaron con rapidez a las nuevas condiciones del mercado. Nuevas empresas automovilísticas surgieron en países como India, con la empresa Tata, que producía vehículos pequeños y económicos. Estos hechos restaron participación a las empresas automovilísticas de Estados Unidos, a tal punto que durante la crisis económica del 2009 se declararon en quiebra y pidieron ayuda el gobierno para poder seguir operando. El gobierno las rescató; sin embargo su recuperación ha sido muy lenta y nada garantiza que puedan recuperase del todo.

Con la caída de las empresas automovilísticas, que eran el bastión de la economía de Detroit, la ciudad ha sufrido enormemente. La tasa de desempleo ha aumentado y muchas personas han dejado la ciudad para buscar mejores oportunidades en otros lugares. La ciudad ha perdido cientos de miles de habitantes, y actualmente su población está por debajo de un millón de personas. Muchas casas han sido abandonadas y varias partes de la ciudad lucen, literalmente, como pueblos fantasma.

Por otro lado, Toyota, Honda y otras empresas japonesas, llevaron mucha prosperidad a ese país, mayor empleo, mayores oportunidades y mayores riquezas. Lo mismo pasa con algunas ciudades en India, que se han beneficiado profundamente de la producción automovilística. Es como si la riqueza se trasladó de Detroit a ciudades como Osaka en Japón y Mumbai en India.

¿Qué pasó con las empresas productoras de automóviles en los Estados Unidos? Casnocha y Hoffman afirman, en su libro *La empresa de tu vida*, que las compañías americanas se acomodaron, se volvieron burocráticas y pensaron que el éxito duraría para siempre. La historia les demostró, sin embargo, que el éxito no está asegurado. A pesar de que llegaron a ser los líderes mundiales en la producción de vehículos, veían con desdén a pequeñas empresas como Toyota y pensaron que estas no se convertirían en una amenaza. Se equivocaron gravemente.

> El éxito se mantiene cuando este no se da por asegurado y existe un sentido permanente de urgencia para innovar, crear y adaptarse, como si fuera el primer día en la existencia de la empresa, cuando las empresas están atentas a las necesidades y deseos del consumidor y buscan satisfacerlos de la mejor manera. Las empresas exitosas mantienen este sentido de urgencia y operan siempre como si fuera el primer día.

Las empresas americanas de autos se volvieron muy burocráticas y muy lentas. Les costaba mucho reaccionar a cambios externos, como lo fue el aumento en los precios del petróleo. Se contaba, en plan de broma, cuando se encontraba una serpiente en la plantas de la compañía se organizaba un comité que se reuniría para determinar qué hacer con la serpiente (Casnocha y Hoffman, 2012).

Las empresas japonesas innovaron, cambiaron y se adaptaron a las nuevas condiciones. Lo mismo ocurrió con empresas en la India, como Tata Motors, Mahindra & Mahindra y otras que empezaron a producir vehículos más económicos y de buena calidad. Tata, por ejemplo, construyó el "Nano", que es el carro más pequeño del mundo. Está hecho con una tecnología y diseño especial para producir un vehículo confiable que tiene un precio de únicamente US$ 2000 (cerca de Q. 16,000). El modelo de negocios de Tata está basado en la filosofía del gran activista y reformador de India, Mohandas Gandhi. Tata hace "más por menos, por más." Es decir, crea mejores productos, por menos precio, para más personas. Esto lo han hecho no solamente con automóviles, sino también con productos médicos, como prótesis, etc. Por ejemplo, una prótesis de pierna que en Estados Unidos puede costar cerca de US$ 20,000, hecha con otros materiales y diferentes diseños puede costar menos de US$ 100 en India[8].

India se ha convertido en un centro de innovación de otros servicios, como por ejemplo servicios médicos. La organización de salud visual Aravind hace operaciones de catarata por aproximadamente US$ 20[9]. Lo mismo sucede con operaciones a corazón abierto. El cirujano Devi Shetty fundó un hospital en el que hace operaciones a corazón abierto que pueden costar aproximadamente US$ 100 mientras que en otras partes del mundo pueden costar varios cientos de miles de dólares.

¿Cómo han logrado estas empresas indias ese nivel de eficiencia en costos? Han adoptado la producción en línea que inicialmente fue introducida por Henry Ford para la producción de vehículos en masa, que, en cierto sentido, es el mismo método que McDonald's usa para producir hamburguesas. Estos métodos permiten reducir costos en cada etapa de la producción, lo que los economistas llaman economías de escala: los costos unitarios se reducen en la medida que se producen más unidades. Han utilizado el método de producción en línea para realizar cirugías a precios bajos. Además, varias empresas indias fabrican las materias primas que son específicas para las operaciones que realizan. Por ejemplo, Aravind manufactura los pequeños lentes que usan en sus operaciones de catarata, que son los que se instalan en el ojo. Si los compraran externamente, podrían costar varios cientos de dólares, pero al hacerlos ellos mismos y especializarse en ese producto, pueden hacerlos por diez dólares.

La especialización ha sido importante para las organizaciones como Aravind y el hospital del Dr. Shetty en India. Éstas se dedican únicamente a operaciones

---

[8] Ve, por ejemplo, el video de "Breakthrough designs for ultra-low-cost products" por RA Mashelkar en *http://bit.ly/XXIdwu*. Puedes poner subtítulos en español.
Fecha de acceso: 25 de Agosto de 2014.

[9] Ve, por ejemplo, el video de en *www.ted.com*: "How low-cost eye care can be world-class" por Thulasiraj Ravilla, puedes poner subtítulos en español.
Fecha de acceso: 25 de Agosto de 2014.

"Nano"
Fuente: Wikimedia Commons

de catarata en el caso de Aravind y a cirugías de corazón abierto, en el caso del Dr. Shetty, lo que les permite especializarse y dominar perfectamente cada paso de la producción (por decirlo así), con detalle y perfección, pero con rapidez y eficiencia. Aunque recientemente han ido ampliando sus servicios, la especialización ha sido determinante.

Puedes decidir si ves la vida como lo han visto las empresas automovilísticas americanas, que se han declarado en banca rota y han pedido ayuda al gobierno americano, o la ves como las empresas en India que han estado alerta a las condiciones del mercado, que, como dice Kirzner, han innovado, han encontrado su ventaja competitiva, se han especializado y ofrecen un producto de alta calidad a un bajo precio. Lo mismo que hicieron las empresas de automóviles japonesas en los años 80. Este es uno de los puntos centrales del libro *La empresa de tu vida* de Casnocha y Hoffman.

En Guatemala usamos comúnmente la frase "dormirse en sus laureles." Esto fue lo que le pasó a empresas como General Motors, que pasó de ser la empresa más grande del mundo en los años 90, a ser una empresa en bancarrota en el año 2009. Se durmió en sus laureles.

En tu vida, igualmente, no debes dormirte en tus laureles, el éxito no está garantizado, debes estar siempre alerta a las oportunidades, a leer constantemente, a investigar qué puedes hacer con tus talentos, a explorar nuevas circunstancias y aventuras de las que puedes aprender, pero sobre todo debes estar dispuesto a innovar y no tenerle miedo al fracaso.

Si General Motors hubiera innovado, creando un vehículo más pequeño y económico para los consumidores que no podían pagar un vehículo caro y grande, quizá todavía sería la empresa más valiosa del mundo. Pero no lo hicieron. Cuando se dieron cuenta de su error, ya era demasiado tarde. De hecho, cuando Toyota empezaba, General Motors la veía con menosprecio, como un competidor pequeño que no sería una amenaza. General Motors subestimó el potencial de Toyota.

> **Averiguo qué necesita el mundo, luego procedo a inventar.**
>
> *- Thomas Edison*

La empresa estadounidense Amazon, que se ha convertido en centro comercial en línea, adopta muy bien la filosofía de constante innovación y atención. Su fundador, Jeff Bezos, nos cuentan Casnocha y Hoffman, maneja los destinos de la empresa como si fuera el primer día. Es decir, con mucha energía, sin acomodarse o dormirse en sus laureles. Dice el gerente general que Amazon está siempre en un "modelo beta", para referirse al hecho de que todo es provisional, todo se está reformando constantemente, ningún producto es definitivo porque todo puede mejorarse. Esto da el sentido de urgencia de pensar constantemente en maneras de cambiar y satisfacer mejor a los clientes y no conformarse.

El caso de Blockbuster y Netflix[10]

A finales de los años 1990, Blockbuster era la empresa líder en el alquiler de películas comerciales. Contaba con miles de tiendas alrededor de los Estados Unidos y en otros países. Gozaba de una posición privilegiada en el mercado pues era la única, lo que se conoce como "monopolio." La empresa obtenía altas ganancias y sus empleados gozaban de buenos salarios y prestaciones.

El modelo de negocios de Blockbuster consistía en que el cliente visitaba físicamente las tiendas donde encontraba las películas más recientes, los estrenos, así como películas populares de años anteriores. El cliente alquilaba las películas con su membresía y tenía el derecho de llevársela y verla en casa. Después de cierto número de días, debía de volverla; de no hacerlo a tiempo debía pagar una multa por día. De hecho, comentan Casnocha y Hoffman, que analistas económicos calculaban que el setenta por ciento de los ingresos de la empresa provenían de multas por retrasos en devoluciones. Es decir, la mayoría de los ingresos de la empresa eran generados porque los clientes no devolvían las películas a tiempo.

---

[10] *Los aspectos básicos de este caso fueron tomados de Castnocha y Hoffman (2012).*

> En 1997, Marc Randolph y Reed Hastings fundaron Netflix. Marc había alquilado una película de Blockbuster y olvidó retornarla por varios días; esto le originó una multa de US$40. Su molestia fue tal que empezó a pensar en un modelo de alquiler de películas que pudiera evitarle estas multas a los clientes. Y se le ocurrió que en lugar de que el cliente pagara un precio por la renta de algunas películas por día, pagara una cuota fija cada mes, de esta forma, mientras el cliente pagara su membresía mensual, podía mantener las películas el tiempo que quisiera y no debía pagar multas extras. Esto le convenía mucho al cliente, pues la membresía tenía un precio relativamente bajo y no se sentía presionado para ver las películas dentro de cierto número de días.

Además de esto, los fundadores decidieron que en lugar de que los clientes fueran a la tienda a alquilar películas, se las llevarían a su casa. La persona podía ordenar las películas usando correo electrónico y la empresa llevaría las películas a casa del cliente. En esos años el formato de películas estaba cambiando a CD y DVD. Muchas familias alquilaban una cantidad relativamente grande de películas en una transacción, por ejemplo diez o veinte unidades. Para el cliente esto era muy conveniente, pues se ahorraba el tiempo que anteriormente usaba para ir a la tienda.

Así surgió Netflix. El modelo también era muy barato porque no necesitaba tiendas para atender a los clientes; todas las operaciones eran llevadas a cabo desde un centro de operaciones donde se procesaban las órdenes y se enviaban las películas. Este modelo era mucho más barato que el de Blockbuster, pues no se incurrían en los costos de alquiler de inmuebles, costos fijos de operación (como luz eléctrica) y se operaba con un número significativamente menor de empleados, lo que ahorraba el pago de salarios.

Netflix empezó a crecer considerablemente, pero era todavía una empresa muy pequeña en comparación con la multimillonaria Blockbuster. Con el tiempo, la tecnología fue cambiando; las películas podían digitalizarse y enviarse por correo electrónico, en lugar de enviar discos físicos. Esto redujo aun más los costos de Netflix y hacía posible la entrega inmediata de películas unos segundos después de que el cliente la ordenara. Su crecimiento aumentó significativamente, pero Blockbuster seguía sin prestarle atención. Ejecutivos de alto nivel de Blockbuster pensaban que Netflix era un modelo de negocios apropiado para cierto nicho de mercado, pero que no representaba una amenaza.

Mayores avances tecnológicos en Internet, así como una mayor posibilidad de almacenamiento, mejor definición y posibilidad de tener Internet en la televisión, hicieron posible que Netflix ya no enviara películas por correo electrónico sino que en su lugar el cliente podía entrar al website de la empresa y ver directamente la película (*live streaming*[11]). Las nuevas tecnologías hacían que los costos fueran cada vez más bajos para Netflix y que el servicio fuera más conveniente para los clientes. Muchos clientes de Blockbuster empezaron a preferir Netflix y Blockbuster empezó a notar que Netflix se estaba convirtiendo en una amenaza real.

Desde finales de los 90, el fundador de Netflix soñaba con una tecnología que le permitiera que el cliente viera las películas en vivo en un sitio Web. Los avances tecnológicos hicieron posible su sueño. Cuando Blockbuster reaccionó ya era demasiado tarde, su modelo no se ajustaba a las nuevas tecnologías y a las necesidades y conveniencias buscadas por los clientes. Empezó a perder millones de dólares y a cerrar numerosas tiendas. Su caída fue tal que en septiembre de 2010 declaró banca rota en los Estados Unidos y cerró la mayoría de sus tiendas. Netflix, por su cuenta, continuó creciendo, generando ganancias multimillonarias. Cuando Blockbuster intentó modificar su negocio a tecnologías digitales y de envío directo a los clientes, Netflix ya le llevaba años de ventaja.

En sus inicios, los fundadores de Netflix ofrecieron vender la empresa a Blockbuster, pero la idea fue rechazada porque el modelo de Netflix fue considerado sin potencial por Blockbuster. Años después, Blockbuster lo lamentó mucho.

Lecciones del caso Blockbuster y Netflix

Este caso ofrece lecciones similares al caso de Detroit y Silicon Valley. Blockbuster no se adaptó a las condiciones cambiantes en el mercado, a las nuevas tecnologías y nuevas circunstancias de los consumidores. Al igual que las empresas automovilísticas de Estados Unidos, Blockbuster se durmió en sus laureles y pensó que el éxito que tenía estaba asegurado. General Motors subestimó la amenaza de Toyota y Blockbuster también lo hizo con Netflix; cuando quisieron reaccionar ya era demasiado tarde.

---

[11] *Live stream* se define como transmitir algo por Internet mientras sucede.

Miles de tiendas Blockbuster han cerrado en el mundo, muchos empleados fueron despedidos, y la empresa perdió mucho dinero pues olvidó que para ser exitosos, los emprendedores deben tener un sentido permanente de urgencia, de atención e innovación constantes.

> " Me interesa el futuro porque es el sitio donde voy a pasar el resto de mi vida. "
>
> - Woody Allen

La empresa de tu vida

También puedes ser emprendedor, viendo tu vida como una empresa. El emprendedor se fija objetivos, trabaja con perseverancia y creatividad y hace lo que le apasiona. No importa la carrera que escojas. Cualquiera que sea tu profesión puedes actuar de acuerdo a esos principios, es decir, puedes ver tu vida como una empresa.

En el libro *The Start-up of You*[12], los emprendedores estadounidenses Reid Hoffman y Ben Casnocha explican varias maneras a través de las cuales puedes ver tu vida como tu propia empresa. Ellos tienen mucha experiencia en la creación de nuevas empresas y en el campo del emprendimiento en general. Por ejemplo, Reid es el socio fundador de la empresa LinkedIn, la red social más grande de profesionales en el mundo. Algunos elementos principales de su libro son:

$Yo^{Nosotros}$

Esta es una notación matemática que tiene un mensaje muy poderoso. Yo elevado a la potencia nosotros significa que debemos tomar iniciativa individualmente para realizar proyectos, pero también significa que ninguna persona ha creado una gran empresa haciéndolo solo. Todas las empresas exitosas que se han mantenido en el tiempo han sido el producto del esfuerzo de un grupo de

---

[12] Más información sobre el libro puedes encontrarla en: *http://www.thestartupofyou.com/*. Fecha de acceso, 8 de septiembre de 2014.

personas o socios. Apple Computers fue el producto del trabajo y creatividad de Steve Jobs y de Steve Wozniak. Es más fácil y efectivo trabajar con otras personas que hacer todas las cosas individualmente. Para esto es necesario que descubras tu ventaja competitiva.

 Dam Roam, Tu mundo en una servilleta: Resolver problemas y vender ideas mediante dibujos

Descubre tu ventaja competitiva

Los economistas han usado el concepto ventaja competitiva para referirse a las actividades para las cuales tienes mayor talento y que te darán una ventaja en el mercado. Por ejemplo, para Bill Gates, el fundador de Microsoft y una de las personas más ricas del mundo, su ventaja competitiva fue la programación de computadoras. Él tiene un talento especial para programar, pero también practicó mucho para llegar a un alto grado de habilidad.

Para descubrir tu ventaja competitiva debes explorar y poner atención a tus intereses, debes leer mucho sobre distintos temas (desde temas de biología, geografía, y electrónica, etc.), debes hablar con personas diferentes, y debes ir a lugares distintos. Esto te dará diferentes perspectivas de las múltiples ocupaciones y oportunidades que hay en la vida. Puede ser que tu interés sea algo totalmente diferente de lo que crees que es, pero si no lo descubres, nunca podrás dedicarte a ello. Por ejemplo, puede ser posible que tu pasión sea la botánica y que puedas establecer un vivero para producción y venta de orquídeas, pero si no exploras la botánica, las flores y los viveros, quizá nunca descubras esta pasión. Por esta razón, Casnocha y Hoffman enfatizan la importancia de tu red social.

Tu red social es el grupo de personas que están a tu alrededor, tus amigos y conocidos con los que tienes algún contacto. Las redes sociales tienen diferentes grados: el grado uno se refiere a tus amigos y familiares más cercanos, aquellos que ves frecuentemente y con los que tienes comunicación directa. El grado dos se refiere a los amigos de las personas que están en el grado uno, es decir, los amigos de tus amigos. Con estas personas no tienes comunicación directa, puede ser que las saludes y las veas, pero no hablas frecuentemente con ellas. El grado tres se refiere a los amigos de los amigos de tus amigos, y así sucesivamente.

Reid Hoffman and Ben Casnocha, The startup of you: Adapt to the future, invest in yourself and transform your career

Herramientas para crear tu portafolio personal en línea: http://figdig.com/ y https://carbonmade.com/

Portal general para emprendedores: http://www.emprendedores.es/

El poder de las relaciones débiles

Ver tu vida como una empresa significa identificar tu ventaja competitiva para poder obtener y realizar un trabajo que deseas. Algunos sociólogos han hecho estudios sobre la manera en que las personas encuentran trabajo (Granovetter, 1973). Han descubierto que muchas personas obtienen trabajo mediante oportunidades que les fueron recomendadas por personas que estaban en el grado dos o tres de su red personal. Es decir, la mayoría de personas no obtienen un trabajo por medio de recomendaciones de las personas que están en el grado uno de su red. ¿Por qué sucede esto? Esto sucede porque las personas que están en el grado uno de tu red conocen a las mismas personas que tú conoces. Si existe un trabajo disponible del que ellos saben, es muy probable que tú lo sepas también, porque esta información está disponible en el grado uno de tu red. Sin embargo, la información de empleos y oportunidades que están en el grado dos de tu red, no la tienes tú. Esto significa que para descubrir nuevas oportunidades en tu vida debes tratar de conocer a las personas que están más allá del grado uno de tu red. ¿Cómo puedes hacer esto? Puedes pedirle a las personas que están en el grado uno de tu red que te presenten con personas que están en el grado uno de su red, pero en el grado dos de tu red.

Como hemos visto, es más fácil y efectivo crear una empresa cuando te unes a otras personas, especialmente con personas que tienen una ventaja competitiva distinta a la tuya. De esta forma se combinan talentos, lo que aumenta la probabilidad de que la empresa sea exitosa. Por ejemplo, si te enfocas en las ideas generales, te fascina la energía solar y te gusta la logística y administración de una empresa, puedes unirte a otra persona orientada a los detalles, a quien le interese la electrónica y la instalación de equipos. Es decir, puedes unirte a una persona que tenga diferentes habilidades que complementen las tuyas. Muchas empresas exitosas surgen así, de la unión de dos, tres o más socios.

Pollo Pinulito

Caso 3

Pollo Pinulito es una empresa guatemalteca fundada en el año 2006 que ofrece pollo frito. La empresa ha crecido mucho recientemente y ha abierto sucursales a lo largo del país, lo que es extraordinario si se toma en cuenta que opera en un mercado muy competitivo donde existen empresas grandes y de mucha tradición. De acuerdo a Luis Sanchinelli,: "Desde su apertura en octubre de 2008, Pollo Pinulito, que surgió por la iniciativa de un migrante que regresó a Guatemala luego de trabajar en una popular cadena de restaurantes de pollo frito en EE.UU., en donde aprendió el negocio, ha abierto más de 65 locales; algunos de sus trabajadores han aprendido el *know-how* del negocio, se han independizado y abierto sus propios locales en diferentes puntos de la ciudad." (*El Periódico*, 15 de abril de 2010)

Actualmente, Pollo Pinulito ofrece entrega a domicilio en un área determinada de carretera a El Salvador. De acuerdo a su página de Facebook, sus principales productos son: piezas de pollo empanizadas y fritas, chicharrones de pollo, mollejas de pollo, hígados de pollo, ensaladas de repollo, y papas fritas. Pollo Pinulito opera en locales pequeños y su enfoque principal es vender "para llevar", aunque en algunas sucursales también hay mesas y sillas para los clientes. Sus bajos costos de infraestructura les permiten ofrecer precios menores que restaurantes de pollo ya establecidos en el mercado. Su éxito probablemente se ha basado en que encontró un nicho de mercado específico de comida rápida.

Empresas como Pollo Pinulito traen mayor competencia al mercado y muestran que nuevos emprendedores pueden competir con grandes empresas ya establecidas.

El fundador de Pollo Pinulito podría caracterizarse como un emprendedor kirzneriano, ya que identificó una oportunidad de mercado. Esto lo dice un artículo de Rosario Sandoval y sus corresponsales en *Prensa Libre* (28 de mayo de 2011):

Para Fredy Morales, profesor de Comunicación y Mercadeo de la Universidad de San Carlos de Guatemala, Pollo Pinulito supo identificar una necesidad que había en el mercado: vender pollo frito de calidad a un precio competitivo. "La aceptación ha sido tan positiva que el negocio supera las cien sucursales en todo el país", dijo Morales. Según el mercadólogo, este nicho de mercado es identificado como "pollo de paso", ya que es un producto que se compra para llevar, lo cual hace que sus costos de operación disminuyan.

"Esos costos se ven reflejados en el precio final, y debido a la situación económica, que no es de bonanza, el consumidor busca esas opciones", agregó.

El segmento para este producto es el popular, especialmente aquellas localidades que carecen de un fácil acceso a restaurantes de comida rápida o que no cuentan con los medios económicos para costearse el precio de un menú más completo.

En estos lugares el precio es Q8 —cuadril, pierna o ala y pechuga—, los que contrastan con los Q13 o Q14 que cuesta una pieza de otras marcas de pollo frito.

Incluso, los menús familiares representan una rebaja de entre Q24 y Q51. En las tiendas más grandes, un combo familiar de seis piezas con papas, pan y gaseosa tiene un costo de Q99.[13]

[13] Agradecemos la colaboración de Cristhian Morales, gerente de mercadeo de Pollo Pinulito. Mayo 2011

> **El futuro pertenece a quienes creen en la belleza de sus sueños.**
>
> *- Eleanor Roosevelt*

Yo emprendo.

Piensa en tres negocios que te gustaría formar durante tu vida y por qué.

Ejercicios y tarea

1. En periódicos y revistas en Guatemala (puedes usar Internet), identifica una empresa nueva y exitosa que haya sido fundada en los últimos doce meses. De acuerdo a los conceptos estudiados en esta parte del libro, ¿a qué crees que se ha debido el éxito de esa empresa?

2. Identifica a una de las empresas más antiguas en Guatemala, ¿a qué crees que se ha debido su larga duración en el mercado?

3. En parejas, discute cómo explicarías a un niño de ocho años el concepto de ventaja competitiva. Redacta un resumen de tu discusión.

4. Si pusieras una empresa hoy, ¿cuál dirías que es tu principal ventaja competitiva?

5. Haz una lista de diez libros que te gustaría leer en el futuro para seguir descubriendo tu ventaja competitiva. Debes usar Internet.

6. Haz una lista de diez personas que conozcas, que tengan diferentes profesiones. Organiza una reunión con tres de ellas y pregúntales sobre su profesión. ¿Qué es lo más interesante que te contaron?

7. Haz una lista de las organizaciones en las que te gustaría trabajar en el futuro, síguelas en Twitter. Escribe un corto reporte sobre lo que has aprendido de esas organizaciones al leer sus mensajes en Twitter.

8. Reúnete con tres personas en las que confíes y pregúntales qué ven ellos como tu principal fortaleza. Si ellos te pidieran ayuda en un tema, ¿qué tema sería? Escribe los principales resultados de esta experiencia.

9. Imagina que estás dando una clase de "ventaja competitiva" a estudiantes de sexto grado de primaria. ¿Qué historia les contarías para que entendieran claramente a que se refiere la ventaja competitiva?

10. La influencia de personas emprendedoras es muy importante en nuestras vidas. Piensa en los últimos seis meses e identifica la gente con quien has pasado la mayor parte del tiempo; ¿eres feliz con la influencia que esas personas están teniendo en tu vida?

> **Escribe tres situaciones o momentos en que algo te molesta o te hace sentir incómodo desde el momento en que te levantas.**

> "No hay secretos para el éxito. Este se alcanza preparándose, trabajando arduamente y aprendiendo del fracaso."
>
> *- Colin Powell*

El *proceso* emprendedor

Objetivos del capítulo:

- Aprender que el emprendimiento es un proceso, que no basta con tener una idea o ser hábil identificando oportunidades en el entorno. Hay algunos pasos que todo emprendedor lleva a cabo, que lo conducen o preparan para poder ir al mercado con un producto o servicio mejor "armado".
- Conocer el rol del consumidor dentro del proceso de emprendimiento pues él será el comprador.
- Entender que la creatividad e innovación son elementos importantes dentro del proceso de emprender, para que un emprendedor no ofrezca al mercado lo que ya existe. Se pondrán a disposición del estudiante conceptos, modelos y técnicas que facilitan este proceso.

"La chispa de la oportunidad" En busca de los furgones perdidos, veo una oportunidad.

Cápsula

Rodrigo, un joven estudiante, altamente inquieto, siempre tratando de detectar una oportunidad, escuchó decir a una amiga de su mamá que el número de contenedores robados iba en aumento, y empezó a pensar en lo que podría ser una solución para este gran problema.

Decidió embarcarse en un proceso de investigación, dándose cuenta de que toda clase de industrias sufrían el mismo problema: la tecnología GPS era demasiado complicada y cara de adquirir. Decidió ir a una feria en Estados Unidos para encontrar un dispositivo GPS más económico y preciso que pudiera solucionar este problema; allí entró en contacto con unos fabricantes asiáticos que podrían proporcionar una solución efectiva.

Posteriormente compartió su modelo de negocios en varios foros, siendo así como encontró un inversionista importante que estaba buscando oportunidades para invertir y crear valor en Guatemala. Así surgió la primera versión de este negocio, acompañado de una plataforma de Internet que da información al usuario sobre cualquier vehículo o contenedor que tenga instalado este dispositivo.

Después de esto (gracias a la ayuda de sus inversionistas) cambió el modelo de negocio, enfocándose en el desarrollo de software para localizar teléfonos celulares (dejando de lado el hardware). En el año 2013 (después de unos quince meses de trabajar en el proyecto) hizo el lanzamiento de su primera versión en Guatemala, aliado con una de las compañías de telecomunicaciones, Tigo.

Posteriormente fue a Florida a presentar el servicio a Millicom, una de las compañías de telefonía más importantes del mundo, para comercializar el servicio en toda la región y expandirse más. Hoy en día, el software de Rodrigo está sirviendo a más de 600 compañías en Guatemala, y su equipo está terminando una versión para comercializar a nivel mundial.

"Hablemos de Guate"
Del mismo cuero salen los cinchos.

Cápsula

El fabricante más grande de cinchos del hemisferio occidental de Latinoamérica (y el tercero del mundo después de China e India) es un guatemalteco.

Él empezó exportando productos típicos como bolsas, billeteras, pulseritas y cinchos, artículos hechos de textiles y cuero y otros artículos típicos, a la vez que iba escuchando mejor a sus compradores principales (que eran grandes tiendas). Comenzó vendiendo a tiendas pequeñas, luego

a grandes. Al bajar el interés de los típicos, identificó la oportunidad de focalizarse en cinchos y logró venderle un programa a Walmart. Se dio cuenta de la gran oportunidad que representaba producir cinchos.

Fue así como entró en contacto con Ferragamo y Hugo Boss, unas de las marcas más importantes de cinchos del mundo, y con tiendas como Gap, Target, Fossil y Calvin Klein. Hoy tiene en Guatemala una planta con más de 800 empleados para la fabricación de cinchos de primera calidad para estas marcas famosas.

El proceso emprendedor

Emprender es un proceso, no es sólo una acción o serie de acciones aisladas. Ese proceso tiene una serie de pasos vitales. Un proceso se define como "Conjunto de las fases sucesivas de un fenómeno natural o de una operación artificial"[14] Esta definición nos indica que es una serie de fases sucesivas. Justamente eso es lo que encontramos cuando hablamos de emprendimiento: pasos que deben darse y que mientras se ejecutan la operación se perfecciona o mejora.

Modelo del proceso de emprendimiento según el Monitor de Emprendimiento Global (GEM - Global Entrepreneurship Monitor)[15]

El GEM es el estudio de emprendimiento más importante a nivel mundial, se realiza desde hace más de doce años y participan más de sesenta y cinco países. Este estudio permite aproximarse a los emprendedores de forma personal, en diferentes países del mundo.

Proceso del Emprendimiento

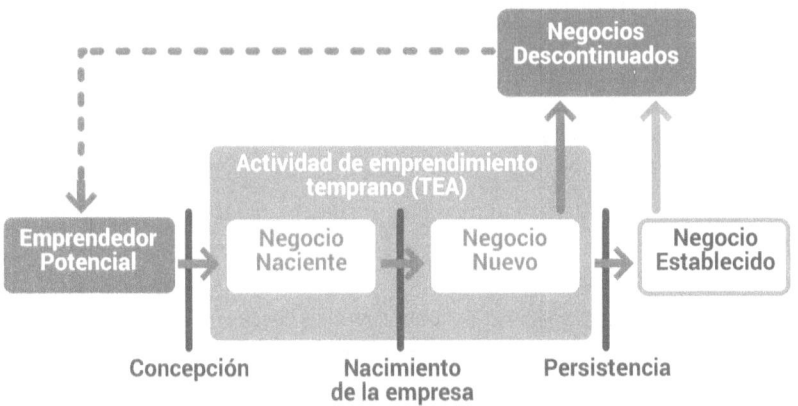

Fuente: Adaptación de Facultad de Ciencias Económicas, UFM (2014, 14).

---

[14] Real Academia Española. (2001). Diccionario de la lengua española (22.aed.). Consultado en http://www.rae.es.
[15] Video sobre GEM Guatemala http://bit.ly/1udZhwa. Fecha de acceso: 11 de Agosto, 2014.

Inicia con la capacidad del emprendedor de ver una necesidad o deseo insatisfecho, de observar que ahí hay un espacio para un producto o servicio. Ese espacio que se observa para un producto o servicio motiva al emprendedor a pensar en una idea de algo que podría suplir esa necesidad. Hasta ahora esto solo es un proceso mental, algo que ocurre en el pensamiento de la persona, el emprendedor. Entonces decide que quiere iniciar su camino, y empieza a analizar detalles sobre esa idea, sus posibles compradores, su potencial. Ese análisis le permite convertir esa idea en una oportunidad. Hasta este momento podemos llamar a la persona un emprendedor potencial.

La oportunidad necesita madurar, enriquecerse, y es allí donde el emprendedor empieza a invertir recursos en ella: tiempo o dinero, o ambas cosas. Después de un tiempo, el producto o servicio está listo para ir al mercado y vender su primera unidad, a partir de esa primera venta el negocio prácticamente empezó. Entonces se le llama negocio nuevo. En esta etapa del negocio es cuando las buenas prácticas administrativas harán que el resultado sea realmente productivo.

> **Prácticas administrativas principales:**
> - Manejo del dinero (contabilidad y finanzas),
> - Saber escuchar a los clientes (mercadeo),
> - Saber hacer las cosas en el orden más eficiente (operaciones) y
> - Saber liderar a las personas que trabajan en ese negocio (recursos humanos).

El emprendedor, o la persona que le ayuda a administrar el negocio, debe estar siempre alerta a las necesidades del cliente, para adaptarse continuamente a ellas. Esto implica no perder de vista que la razón de existir del negocio es agregar valor al consumidor; así el negocio nuevo puede convertirse en un negocio establecido. De acuerdo al GEM los negocios establecidos se definen como aquellos que tienen más de cuarenta y dos meses de funcionamiento. Son este tipo de negocios los generadores de empleo y los que atraen inversión.
Es importante darnos cuenta de lo vital que es la fase que en la gráfica se denomina Actividad de Emprendimiento Temprano, pues es aquel espacio de tiempo que transcurre desde que empezamos a invertir recursos en el negocio y se convierte en un negocio establecido (cuarenta y dos meses después). Es en esta fase donde mueren la mayoría de iniciativas de emprendimiento. El porcentaje que se convierte en negocios establecidos es realmente baja.

Guatemala posee una tasas relativamente alta de emprendimiento temprano y un nivel bajo de ingreso por habitante, en la gráfica siguiente podemos ver una comparación con otros países:

Actividad de Emprendimiento Temprano por País

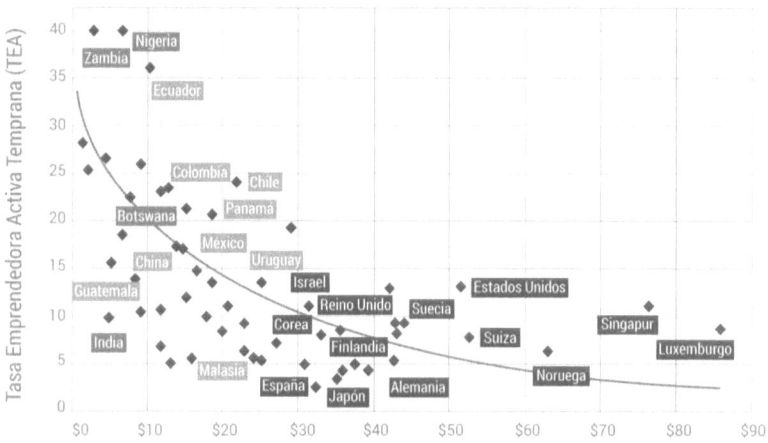

Fuente: Presentación reporte GEM 2014-2015, Facultad de Ciencias Económicas, UFM.

Aquí surge una gran pregunta: ¿qué tendría que suceder en el entorno donde actúan los emprendedores que pudiera ayudar a subir el porcentaje de emprendedores nuevos que se vuelven establecidos? Los negocios establecidos generan empleo y atraen inversión. Este tema es objeto de constante investigación para muchos técnicos, académicos y políticos. Lo único que está claro es que el emprendedor, por naturaleza, está dispuesto a trabajar con la intensidad que se necesite para sacar adelante su negocio. El emprendedor necesita que lo rodeen condiciones que le permitan crecer. Alrededor de este tema surgen ideas y preguntas continuamente, analizando los países desarrollados y los que están en vías de desarrollo.

Finalmente el modelo del proceso de emprendimiento del GEM permite visualizar que el emprendimiento es un camino. En la medida en que se den las condiciones necesarias en el entorno del emprendedor, que no entorpezcan ese camino o proceso, los emprendedores tendrán más probabilidad de perdurar en el tiempo, tener éxito, y generar ahorro y empleo.

Modelo de proceso emprendedor según Acton MBA

Existen otros modelos de proceso emprendedor, por ejemplo el que utiliza el Acton MBA. El Instituto Acton es una escuela superior de maestrías de administración de empresas ubicada en Austin (Texas) que usa un proceso para su enseñanza del emprendimiento. Este proceso describe las fases por las que pasa un emprendedor[16]:

1. **Oportunidad:** análisis de las ideas y oportunidades de negocio que un emprendedor observa.

2. **Lanzamiento:** dar a conocer en el mercado su producto o servicio y su propuesta de valor.

3. **Crecimiento:** el negocio ha echado raíz y crece, en tamaño y variedad de productos o territorio.

4. **Cosecha:** los resultados se dan y es momento de aprovechar los frutos, ya sea para reinvertirlos en el mismo negocio, en un negocio nuevo o para los usos que el emprendedor (y quienes lo acompañan: socios o inversionistas) decidan.

En este modelo se le da mucha importancia a las características personales del emprendedor; por ejemplo: tolerancia con la ambigüedad, ingenio o audacia (*Rat-Like Cunning*)[17], visión, compromiso de entrega o cumplimiento, y estándares de integridad. De hecho puedes encontrar un test (en inglés) para medir tus características en el siguiente vínculo:

http://www.actonmba.org/e-traits/.

---

[16] Puede encontrarse en la página: *http://bit.ly/1wGzUB6* en la sección de "Full Curriculum and Integrative Courses". Fecha de acceso: 11 de Agosto, 2014.

[17] Puedes encontrar mas informacion sobre el concepto Rat Like Cunning en estos vinculos: *http://bit.ly/1v07YYN* y en la revista Forbes, "Everyone Needs a Rat-Like Cunning", escrito por Jeff Sandefer, 5 de junio de 2012.
Fecha de acceso, 8 de septiembre de 2014. *http://onforb.es/1riqIma.*

Modelo de emprendimiento según Jeffry Timmons

Jeffry Timmons fue un profesor de Babson College que desarrolló el modelo sobre emprendimiento que ahora lleva su nombre; lo hizo como su tesis doctoral en la Universidad de Harvard. El modelo Timmons explica que hay tres factores principales para el desarrollo exitoso de un negocio: la oportunidad, el emprendedor y su equipo y recursos. Estos tres elementos se desarrollan dentro de un ambiente de ambigüedad e incertidumbre. En resumen, el emprendedor identifica una oportunidad y luego busca desarrollarla en un negocio exitoso con apoyo de un equipo de trabajo y recursos. El modelo se basa en la premisa que sostiene que el emprendedor gana recompensas en relación al riesgo y el esfuerzo involucrado en el desarrollo del negocio.

Como se puede observar, está claro que emprender requiere de un proceso, el proceso incluye constante planeación, análisis, acción y aprendizaje sobre cada paso que se da. Las diferentes formas de analizar este proceso, como el modelo GEM y el modelo ACTON, son muy parecidos entre sí.

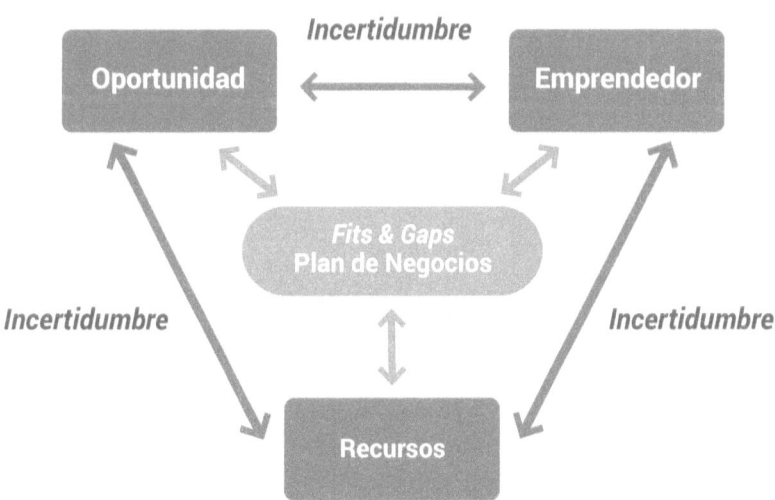

Fuente: Presentación reporte GEM 2014-2015, Facultad de Ciencias Económicas, UFM.

> **El fracaso más grande es nunca haberlo intentado.**
> *- Proverbio Chino*

Generación de Ideas de Negocio

Muchas personas piensan que lo más difícil es pensar en buenas ideas de negocio. Aunque tampoco se puede decir que sea fácil, esto no es necesariamente cierto. Generar ideas de negocio normalmente es más fácil que la ejecución de las mismas, ya que de la idea a la ejecución hay un camino largo por recorrer.

Existen diferentes formas y herramientas para encontrar o desarrollar ideas de negocio:

1. **Observación, de lo que pasa diariamente y de otros negocios:** observar detalladamente los hábitos que seguimos cada día, la forma en que otros se comportan. Toda esta información es muy valiosa para generar nuevas ideas de negocio.

2. **Conversación e intercambio de ideas:** hablar con otras personas puede ser una de las mejores formas para pensar en nuevas ideas; podemos cambiar o mejorar nuestras ideas o unirnos a las ideas o proyectos de otros.

3. **Idea Lab:** este es un ejercicio de "brainstorming" en el cual se agrupan las ideas, se generan nuevas ideas de las conexiones entre las ideas iniciales y de los comentarios de otras personas.

4. **Investigación de tendencias, modas o problemas que enfrentan los seres humanos:** enterarse de qué está pasando en el mundo, qué productos o servicios están de moda, cuáles industrias se están desarrollando y cuáles son los grandes desafíos a nivel global.

 *W. Cham Kim, R. Mauborgn, La estrategia del océano azul*

Validación con el consumidor

Quizá una de las actividades más importantes para un emprendedor que tiene lo que considera una buena idea de negocio es la validación por parte del consumidor. Para un emprendedor es muy fácil apasionarse con una nueva idea de negocio y además "cegarse" con la idea creyendo que es lo mejor que se ha inventado y que el producto o servicio será muy bien acogido por los consumidores (al precio que el emprendedor estimó) y que será un gran éxito cuando lo lance al mercado.

Antes de hacer un prototipo final, inclusive solo teniendo la idea en la mente, un dibujo o esquema simple o un prototipo "sucio, barato y rápido de hacer", el emprendedor debe "salir a la calle" y hablar con sus posibles clientes. Lo ideal es ir a lugares donde estos consumidores compran productos o servicios similares a lo que el emprendedor está desarrollando. Si es el caso, se le debe enseñar el prototipo del producto o servicio (producto físico, esquema, maqueta, dibujo o una muy buena explicación del mismo).

Estas son algunas de las preguntas que se pueden hacer a los consumidores:

1. *¿Qué lo impulsa a comprar?*
2. *¿Qué debe hacer para comprar?*
3. *¿Cómo ha sido o espera que sea su experiencia de compra?*
4. *¿Cómo compra actualmente este producto o servicio?*
5. *¿Dónde lo compra?*
6. *¿Cómo decide qué comprar?*
7. *¿Con qué frecuencia lo compra?*
8. *¿Qué tanto usa este producto o servicio?*
9. *Si estuviera comprando este producto servicio, ¿qué buscaría y qué es lo importante para usted?*
10. *¿Cuánto pagaría por este producto o servicio?*

Es importante aclarar que el emprendedor, según como sea su producto o servicio, puede utilizar otras preguntas que considere útiles e importantes.

No hace falta que sea un proceso muy formal; el objetivo simplemente es obtener la mejor información posible que nos interese del consumidor. Lo más importante de este proceso es que la información y crítica o comentarios recibidos se utilicen para mejorar la idea de negocio o modelo de negocio.

Es muy recomendable hacer esta validación con el consumidor antes de realizar estudios de mercado más formales, los cuales muchas veces entregan resultados no tan certeros sobre lo que los consumidores desean.

Tomemos el ejemplo de un nuevo emprendedor que desarrolla una aplicación móvil para novios que se van a casar. La aplicación les permite a los novios tener un registro de los invitados que asistirán a la boda y llevar un registro de las tareas de planificación que tiene que llevar a cabo. A los invitados les permite tomar fotografías en los distintos eventos de celebración de la boda.

En la primera etapa de desarrollo de este producto, hay muchos aspectos que hay que validar, tales como precio, funciones del servicio que el cliente realmente valora y funcionalidad del producto, entre otros. ¿Cuál es la mejor manera de resolver estas interrogantes? Acercarnos a clientes potenciales (novias y novios que están prontos a casarse). ¿Dónde? Visitando tiendas de vestido de novias, tiendas de registro de regalos de boda y otros lugares relacionados. Sin necesidad de hacer una encuesta formal, es importante acercarse los clientes y hacerles las preguntas previamente definidas para obtener de ellos información y crítica que nos permita mejorar la idea de negocio.

Fondos

Las tres fuentes a las que más comúnmente acuden los emprendedores para solicitar fondos para iniciar o hacer crecer su negocio son "Family, Friends and Fools", familiares, amigos e "ingenuos" (o F, F, F) que confían en el emprendedor y su capacidad. La ventaja de estas fuentes es que normalmente no tienen interés en un retorno financiero. Familiares y amigos le brindan al emprendedor capital para su negocio con el fin principal de apoyarlo en su iniciativa.

Adicionalmente a estas tres fuentes, otras opciones para financiar un negocio son acudir a inversionistas, solicitar un préstamo (a un banco, banco comunitario o cooperativa de crédito) o utilizar plataformas de *crowdfunding*, método de financiamiento que definiremos más adelante. Es muy importante entender la diferencia entre las fuentes de fondos.

Nirmalya Kumar and Jan-Benedict Steenkamp, Brand breakout: How emerging market brands will go global

¿Quién es un inversionista? Es alguien que decide "prestar" una determinada cantidad de dinero, esperando el retorno en un determinado plazo con determinado porcentaje de interés sobre la misma.

En el caso de un préstamo, normalmente es a través de una entidad bancaria, en la que se tiene derecho a una cierta cantidad de dinero, pero se tiene la obligación de pagarla en plazos establecidos y de pagar intereses sobre el monto que se recibe.

Existen básicamente dos tipos de inversionistas: inversionistas ángeles y sociedades de capital de riesgo. Los inversionistas ángeles son emprendedores o empresarios que tienen disponibilidad de fondos para invertir, pero normalmente no son cantidades tan grandes. A estos inversionistas les gusta involucrarse en el negocio y apoyar con su conocimiento y experiencia. Normalmente inician como mentores del negocio, luego se convierten en accionistas y establecen claramente la cláusula de salida del negocio, es decir qué sucederá en el caso que quieran dejar de pertenecer a ese negocio.

Por otro lado, las sociedades de capital de riesgo son emprendedores o empresarios formalmente establecidos como inversionistas. Estos tienden a invertir cantidades más grandes y en negocios con potencial de rápido y alto crecimiento. Normalmente solo esperan determinado retorno de su inversión, y no tienen interés en involucrarse en el funcionamiento del negocio. Un ejemplo de una sociedad de capital de riesgo es Kaszek Ventures, fundada por los mismos fundadores de MercadoLibre.com. Kaszek ha invertido en más de 22 empresas, entre ellas *Open English* y *Safer Taxi*.[18]

---

[18] Para más información ingresa a *www.kaszek.com* y lee una noticia relacionada con esto en: *http://nyti.ms/1r0Src2.*

Fuentes de Fondos y Relación con el Emprendedor

Características	Inversionista ángel	Sociedad capital de riesgo
Relación con el emprendedor	Cercana. Generalmente se involucra en el desarrollo del negocio	Lejana. Generalmente solo invierte sin involucrarse en el negocio
Monto de inversión	Relativamente bajo	Alto
Resultado esperado	Buen retorno, aunque sea a largo plazo	Alto retorno de inversión a corto o mediano plazo

Crowdfunding

Hoy en día los emprendedores cuentan con una nueva opción que es muy interesante: *crowdfunding*. Crowdfunding consiste en utilizar plataformas en Internet por medio de las cuales los emprendedores pueden presentar sus proyectos y solicitar la donación o inversión de cualquier persona en el mundo que esté interesada en apoyarlos. En estas plataformas, los emprendedores deciden cuál es el monto de inversión que requieren; dependiendo de la plataforma, normalmente se establece un tiempo máximo en el cual se debe recibir la inversión y diferentes requisitos de parte de los emprendedores.

Existen dos modelos básicos de *crowdfunding*.[19] El primero está basado en donaciones. Este es un modelo en el cual las personas pueden donar por medio de un proceso colaborativo con base en una meta de recaudación establecida por el o los fundadores, a cambio de productos, gratificaciones o premios. El segundo y más reciente modelo es *crowfunding* de inversión, donde las empresas que buscan financiamiento ofrecen propiedad de las mismas a cambio de capital o deuda. En este modelo, aquellas personas que ofrecen financiamiento se vuelven

---

[19] Para más información puedes ver el artículo en la revista *Forbes* "Top 10 Crowdfound Sites For Fundraising," escrito por Chance Barnett, 8 de mayo de 2013. Fecha de acceso, 8 de septiembre de 2014. http://onforb.es/1bdW97T.

co-propietarios o accionistas y tienen la posibilidad de un retorno financiero, a diferencia del modelo de donación. Entre las plataformas de *crowdfunding* más populares podemos encontrar a:

> **Kickstarter** (*www.kickstarter.com*),
> **Indiegogo** (*www.indiegogo.com*),
> **Ideame** (*idea.me*),
> **Crowdfunder** (*www.crowdfunder.com*),
> **Rockethub** (*www.rockethub.com*),
> **Crowdrise** (*www.crowdrise.com*),
> **SoMoLend** (*www.somolend.com*),
> **Appbackr** (*www.appbackr.com*),
> **AngelList** (*angel.co*),
> **Invested.in** (*invested.in*) y
> **Quirky** (*www.quirky.com*)

Estas plataformas contemplan diferentes enfoques, desde financiamiento para nuevas ideas de negocios, hasta emprendimientos sociales, culturales, artísticos e inclusive causas benéficas y deportivas, entre muchos otros.

Jeff Scheinrock and Matt Richter-Sand, The agile startup: Quick and dirty lessons every entrepreneur should know

Innovación

Hemos mencionado antes la importancia que tiene en el emprendimiento la capacidad de innovar y el pensamiento creativo que se conecta directamente con la forma en que un empresario resuelve una necesidad o aborda una oportunidad en el mercado.

El rol de la innovación en el mundo de hoy es importante y muy relevante, aunque muchos piensan que es imposible inventar cosas nuevas, pues todo prácticamente ya existe. No hay nada más falso que este argumento. Los emprendedores son las personas que tienen más capacidad para ver "afuera de la caja" e identificar oportunidades de hacer una mejora.

> "Nuestra gloria más grande no consiste en no haberse caído nunca, sino en haberse levantado después de cada caída."
>
> *- Confucio*

La innovación puede ser un tema muy profundo y complejo, que podría invitar a escribir sobre él varios libros. En este capítulo nos orientaremos a hablar de innovación desde la perspectiva del emprendedor y del mercado. No profundizaremos en la innovación como un proceso científico.

Innovación se define como "Creación o modificación de un producto, y su introducción en un mercado"[20].

Como dice la definición, la innovación puede estar asociada al producto (el objeto) o a la forma en que se introduce al mercado. El mercado invita constantemente a observar estas oportunidades de innovación.

El proceso sencillo parte de la capacidad de observar, analizar, cuestionar; es decir pensar sobre un producto, servicio o proceso de mercado, y alrededor de él generar ideas de cambio. Se puede decir que en el mercado se encuentran distintos tipos de personas o de empresas que pueden clasificarse en esta curva sobre la velocidad para adoptar una innovación; se llama la curva de Bell[21] de innovación:

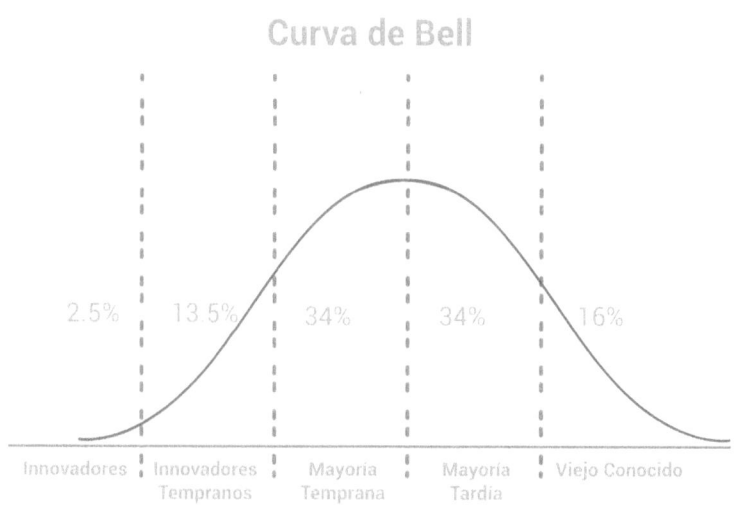

---

[20] Real Academia Española. (2001). Diccionario de la lengua española (22.ed.). Consultado en http://www.rae.es.

[21] Gerard, Morgan. "Innovation and early adopters: beyond the Bell curve." Noodle Play. Fecha de acceso, 8 de septiembre de 2014. http://bit.ly/IKEPgM

Esta curva es muy ilustrativa, pues nos enseña claramente que sólo un 2.5% de las personas u organizaciones en el mercado son completamente innovadores. Es allí donde observamos a grandes inventores que salen al mercado con ideas completamente novedosas, como podríamos mencionar a organizaciones como Apple que se distingue por la capacidad de innovar o crear nuevos conceptos de productos en el mercado, basados completamente en las necesidades del consumidor. La gran pregunta es ¿a quién le urgía un Ipod antes de que existiera? La respuesta es simple: ¡a nadie!, porque nadie tenía este concepto de producto en la mente... Apple tuvo la capacidad de observar un espacio de oportunidad en el mercado: la necesidad que muchas personas tenía de un dispositivo pequeño que permitiera llevarse en el bolsillo, sin necesidad de batería, que pudiera permitir llevar la música que yo prefiero. Una vez tenía clara la necesidad, lo inventaron. Y ha sido así con otros productos de Apple. Como suelen decir sus ejecutivos, Apple podría poner sobre una mesa pequeña todos los productos que ha lanzado al mercado, son pocos pero muy novedosos y eso los ha hecho exitosos. Si observamos con detenimiento, podemos ver que existen muchos productos con diferentes grados de invención, hasta en cosas sencillas como las valijas con cuatro rodos de 360°, o los cepillos de dientes que se amoldan a la forma de los dientes. Pero busquemos algunos ejemplos de Guatemala. Podemos mencionar al Dr. Bressanni con la creación de la Incaparina, producto hecho a base de soya que es un suplemento alimenticio de muy bajo costo que ayuda a prevenir la desnutrición.

Si observamos el siguiente grupo en la gráfica anterior vemos a los "Innovadores tempranos (Early Adopters)", son aquellas personas que siempre están dispuestos a dar el salto, a adoptar lo nuevo aunque no haya sido probado lo suficiente. Estas personas u organizaciones son la que quieren hacer o usar primero cualquier cosa nueva.

De manera que el "innovador" es el que crea el producto, el "innovador temprano" es de los primeros que lo compra y lo prueba. Es en las fases siguientes donde está la mayoría y esta se divide en "mayoría temprana", que es la gente que cuando observa que otros ya lo están consumiendo y lo han probado, se anima a probarlo. La "mayoría tardía" prueba o compra el producto cuando ya es conocido o común que las personas lo consumen. Los rezagados son aquellos que van a tardar mucho en probarlo, cuando lo compran ya no es una novedad sino "viejo conocido".

Es interesante pensar en este modelo y analizarnos a nosotros mismos: ¿en dónde estamos en esta curva? Podemos pensar como usuarios o clientes, ¿cómo somos en cuanto a nuestras decisiones de compra de productos nuevos? También podemos analizarnos como empresarios potenciales y preguntarnos: ¿seré de las personas que inventa cosas, pues con facilidad creo conceptos nuevos, o me gusta ser de los primeros en probar un nuevo servicio?..., ¿o espero a que todos los demás lo prueben primero?

Empresas de Diseño e Innovación

Existe un número importante de empresas a nivel mundial que se dedican sólo a realizar procesos de innovación; entre ellas se pueden mencionar IDEO[22], FROG[23], SeriouslyCreative, y otras. Su papel es llevar a cabo la creación del producto o servicio a partir de las necesidades de las personas; la idea es ponerse en el lugar del consumidor. Es muy interesante observar la forma en que estas empresas trabajan. Por ejemplo, IDEO tiene cinco reglas que son la esencia de su forma de trabajo, lo que les ha permitido ser exitosos haciendo innovación constante para muchas industrias diferentes.

Estas cinco reglas son:

1. *Manténgase enfocado*
2. *No hay ideas locas*
3. *Construya sobre las ideas de los demás*
4. *En las sesiones de trabajo sólo hay una conversación a la vez*
5. *No juzgar*

Llaman este método de trabajo "buceo profundo," y es el centro de su proceso. Buceo profundo se refiere a la importancia que tiene comprender profundamente a las personas, su forma de sentir y sus hábitos antes de intentar desarrollar un producto o servicio que les permita responder a esa necesidad. Busca entrar en contacto directo con los expertos (usuarios, clientes, personas que trabajan con el producto o servicio) que lo conocen suficientemente y que en poco tiempo pueden enseñar lo que a ellos les ha tomado años aprender.

---

[22] Puedes obtener mas información sobre IDEO en: *http://www.ideo.com/*. Fecha de acceso, 8 de septiembre de 2014.

[23] Puedes obtener mas información sobre FROG en: *http://www.frogdesign.com/*. Fecha de acceso, 8 de septiembre de 2014.

>  Si buscas resultados distintos, no hagas siempre lo mismo...
>
> - Albert Einstein

Otros elementos fundamentales del éxito de IDEO es que tienen mucha interacción con personas a lo largo de todo el proceso: la innovación está centrada en la persona, en el usuario. Además, sus equipos están integrados por personas de profesiones completamente diferentes, eso les permite ver la situación desde distintos ángulos. A este fenómeno de tener la capacidad de ver una misma situación desde distintas perspectivas se le llama *Metanoia*, y es clave para la innovación.

 Existen ejemplos de productos que IDEO ha desarrollado en videos cortos; aquí te compartimos el enlace a uno de ellos:
http://www.youtube.com/watch?v=M66ZU2PCIcM.

Se han desarrollado metodologías sencillas que pueden utilizarse para hacer innovación. Estas son una de ellas:

Design Thinking

Es un método desarrollado por instituciones como D-School[24] de la Universidad de Stanford y el Hasso Plattner Innovation Center[25]. Los pasos del proceso de innovación en este modelo denominado el proceso de Pensamiento de Diseño (*Design Thinking*) se ilustran en el siguiente diagrama:

---

[24] Puedes obtener más información sobre D-School en: *http://dschool.stanford.edu/.* Fecha de acceso, 8 de septiembre de 2014.

[25] Más información puede obtenerse en *http://bit.ly/1drzl9a.*

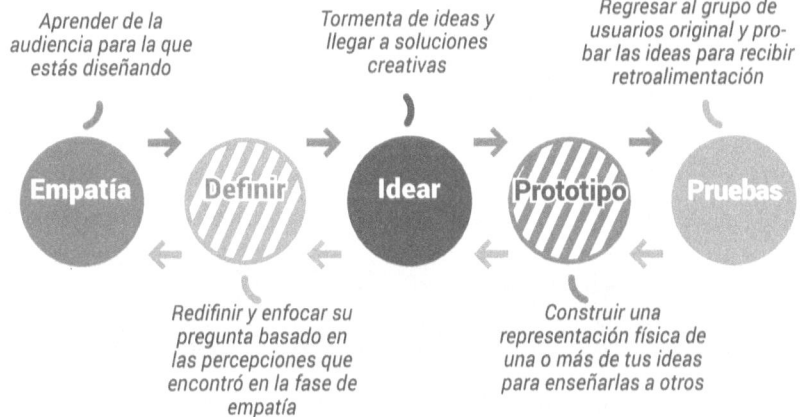

Este diagrama es una adaptación propia del proceso design thinking[26]

Los procesos de innovación son procesos "caórdicos", una mezcla entre caos y orden. Esto se debe a que innovación y creatividad se desarrollan en un ambiente en el que la persona tiene un "espacio" para proponer, crear y explorar nuevas ideas. En muchas ocasiones las empresas no crean un ambiente propicio para que la creatividad e innovación esté viva adentro de sus empresas; quieren empleados obedientes y eso los limita a repetir lo que han hecho antes. La gran pregunta en este tipo de empresas es ¿cómo lograr un proceso constante de innovación y mejora? Es por ello que promover el pensamiento creativo e innovador es muy importante para que las empresas sigan siendo exitosas en el tiempo: constantemente deben reinventarse.

> En el proceso creativo existe un movimiento. El proceso de desenfoque consiste en buscar información en diferentes fuentes, percepciones, sentimientos; es una fase en la que se está ampliando la información, las fuentes, los diferentes puntos de vista. Enfoque se refiere a que en el proceso siempre se está poniendo atención al objetivo trazado. A lo largo del proceso, después de cada fase de desenfoque, viene otra de enfoque.

Por ejemplo, en el esquema de arriba la "empatía" abre posibilidades, nos permite entender, pero su base está en el desenfoque (es decir, queremos entender con amplitud lo que las personas piensan y sienten). Luego sigue "definir", es decir que necesitamos enfocarnos y decidir qué cosa de todo lo que escuchamos es

---

[26] El proceso diagramado está inspirado en CREATEDU, disponible online en *http://create-du.org/design-thinking/* (fecha de acceso 10 de junio de 2015).

en lo que nos vamos a centrar, qué necesidad es la que queremos resolver, en qué problema nos vamos a centrar. Y así continuamente a lo largo del proceso, saltamos de desenfoque a enfoque.

Un concepto interesante para innovar es comprender que necesito entender el problema que estoy resolviendo, incluso aquellas cosas que no son obvias, que no se ven con facilidad. Comprender qué es lo que inquieta a las personas que estoy observando o escuchando, para estar preparado para definir el problema y posteriormente generar ideas que puedan ayudarme a resolverlo. En esta fase de generación de ideas se busca otra vez ampliar (no enfocar) la lista de posibilidades. Es aquí donde es importante recordar que "no hay ideas locas", que necesito pensar de manera diferente; no es aun el momento de la crítica, sino de pensar en muchas formas diferentes de abordar y resolver el problema o atender la necesidad que comprendimos en el paso anterior.

El siguiente paso es clave: "crear un prototipo". Aquí se introduce un concepto elemental en los procesos de innovación: el prototipo es un "ejemplar original o primer molde en que se fabrica una figura u otra cosa"[27].

Es importante observar que para ser creativos necesitamos pasar por un proceso de creación de prototipos e iterar[28] alrededor de ellos varias veces para buscar la forma en que los mejoramos. En otras palabras: un proceso continuo de ensayo y error, de mejora progresiva.

Para lograr esa mejora continua necesitamos probar[29] los prototipos; es allí donde observamos errores, críticas, fortalezas del prototipo y otras características que permiten ir afinándolo continuamente hasta llegar a un estado en que esté listo para salir al mercado con toda tranquilidad.

Es necesario pensar qué habilidades y características son claves en un emprendedor en el proceso creativo e innovador:

- **_Tener la capacidad de observar._**

---

[27] Real Academia Española. (2001). Diccionario de la lengua española (22.aed.). Consultado en *http://www.rae.es*.

[28] Repetir haciendo cambios pequeños.

[29] "Someter algo a un control o prueba." Real Academia Española. (2001). Diccionario de la lengua española (22.aed.). Consultado en *http://www.rae.es*.

- Saber escuchar.
- Poder transportarse a la realidad del posible cliente, "ponerse en sus zapatos", aprender a pensar como él. Esto permite que el proceso creativo e innovador produzca algo que sí va a ser del interés del cliente.
- Capacidad de análisis.
- Atreverse a pensar de forma diferente, ser creativo, original.
- Tener la capacidad de comunicar sus ideas, oralmente y por escrito.
- Auténticamente interesado en recibir comentarios y críticas de su prototipo.
- Debe tener una profunda humildad, que acompañe a su pasión y entusiasmo. Algunas veces un emprendedor está tan enamorado de su idea que puede perder de vista sus elementos negativos o que la ponen en riesgo. Simplemente no lo ve de otra forma. Eso puede ser un gran peligro.
- Capacidad de ver las cosas desde distintas perspectivas

Business Model Canvas

El Business Model Canvas –BMC, por sus siglas en inglés o Lienzo de Modelo de Negocios es una herramienta que permite construir y visualizar de una forma simple un modelo de negocios. Fue desarrollado por Alexander Osterwalder, emprendedor, conferenciante y autor principal del libro *Business Model Generation*.

Un modelo de negocios es la lógica de generación de utilidades de un negocio o empresa; es básicamente cómo una empresa crea o genera, entrega y captura valor.

¿Por qué es necesario utilizar el Business Model Canvas? Por lo siguiente:

1. Evita invertir mucho tiempo en desarrollar ideas que no son tan factibles. Visto desde otro punto, permite, de forma relativamente rápida pulir los aspectos más importantes del negocio, eliminando lo que no es tan conveniente y agregando lo que hace falta.

2. Incrementa la claridad que se tiene sobre el negocio, pues permite identificar los gaps *o aspectos faltantes en los que no hemos pensado o que no hemos desarrollado con el detalle necesario.*

3. Es una herramienta sencilla para poner una idea de negocio por escrito.

4. Se puede utilizar para explicar fácilmente a otros sobre lo que se trata nuestra idea de negocio.

Para ilustrar mejor el *BMC* utilizaremos el ejemplo de Zipcar[30]. Zipcar es una empresa que ofrece el alquiler de un carro por hora o por día[31]. A continuación presentaremos los nueve bloques del *BMC*, aplicados al caso de Zipcar.

1. **Segmentos de clientes:** a quiénes va dirigido el producto o servicio que estamos ofreciendo. Más que las características demográficas, es importante describir los hábitos de consumo, comportamientos, costumbres, gustos, preferencias, hobbies, etc., con el fin de entender mejor el segmento o segmentos de clientes en los que estamos enfocados. En la complejidad del mundo de hoy, no es suficiente basarse solo en características como edad, género y nivel socioeconómico, sino encontrar información más específica sobre el consumidor con la cual podemos detectar cómo solucionar sus problemas. En el caso de Zipcar, sus clientes son personas que ocasionalmente utilizan carro y que no necesitan un carro a tiempo completo y que valoran la conveniencia, el bajo costo y los servicios inocuos para el medio ambiente.

2. **Propuestas de valor:** qué es lo que ofrecemos; descripción detallada del producto o servicio y cómo difiere y agrega valor al consumidor. Zipcar ofrece el servicio de alquiler de un carro por hora o por día, lo cual incluye combustible y seguro y es accesible en ubicaciones variadas en diferentes ciudades. Un primer ejercicio interesante para identificar la propuesta de valor es construir el *WOW Statement* de nuestro producto o servicio, una explicación clara y llamativa de no más de 30 segundos.[32]

3. **Canales:** por qué medios haremos llegar el producto o servicio al consumidor (tanto para darlo a conocer como para entregarlo); por ejemplo: tiendas propias, distribuidores, Internet, catálogo... Los canales que utiliza Zipcar son su *Sitio Web*, una aplicación móvil y los puntos de recepción y entrega de los carros.

---

[30] Fuente: Presentación Modelos de Negocio FIRST Tuesday de María Isabel de Gómez.
[31] Para más información ingresa a: *http://www.zipcar.com/.*
[32] Para más información sobre cómo crear un WOW Statement puedes ver el video en http://bit.ly/1odljH3. Fecha de acceso, 22 de septiembre de 2014.

> " Un optimista ve una oportunidad en toda calamidad, un pesimista ve una calamidad en toda oportunidad. "
>
> *- Winston Churchill*

4. **Relación con el cliente:** qué tan directa, cercana y frecuente es la relación con nuestros clientes. Por ejemplo, una empresa como Cemaco puede tener una relación bastante cercana con el consumidor, pues en las tiendas atienden directamente al cliente hasta resolver todo lo que necesite. En cambio, una empresa como Zipcar básicamente no tiene relación con sus clientes, pues casi todos los alquileres se hacen por Internet y no hay ninguna interacción con los clientes. Es una relación casi impulsiva de autoservicio en la que el cliente reserva por medio de un Smartphone, Tablet o una computadora.

5. **Flujos de Ingreso:** cómo hacemos dinero. Por ejemplo, ¿solo con la venta del producto o servicio o hay otras formas? En el caso de Zipcar, sus flujos de ingreso provienen de un único pago de membresía anual y de aplicación de los clientes y de forma variable por el cargo de uso del carro por hora y un cargo adicional al incluir más miembros en el grupo.

6. **Recursos clave:** qué recursos necesitamos para iniciar el negocio (materia prima, personal, infraestructura, recurso humano, etc.). Los recursos clave para Zipcar son su flota de carros, los lotes de parqueo que alquila, la plataforma de su aplicación móvil, la plataforma de su sitio web y la plataforma del ZipCard.

7. **Actividades clave:** qué actividades son estrictamente necesarias para desarrollar el negocio, tales como producción, mercadeo y servicio al cliente, entrenamiento, etc. Entre las actividades clave de Zipcar están el mantenimiento de plataformas electrónicas, la logística de mantenimiento y rastreo de los carros y parqueos, la comunicación marca-cliente, el servicio al cliente y la expansión del servicio a otras ciudades.

8. **Alianzas / Partners clave:** posibles alianzas que mejorarán o facilitarán

el desarrollo del negocio. Estas alianzas pueden ser con otras empresas, oportunidades de branding (promoción de marcas) en conjunto, relaciones con proveedores clave y outsourcing de actividades no estratégicas, entre otras. Tomando el ejemplo de Zipcar, sus alianzas son con proveedores de carros, proveedores de lotes de parqueo, gasolineras, empresas de seguros, universidades y empresas relacionadas a actividades del Zipcard, como restaurantes y cines.

9. **Estructura de costos:** esto es identificar los costos más importantes para el negocio, incluyendo los recursos clave y actividades clave más caras. Para Zipcar éstos son los costos de leasing o adquisición y mantenimiento de los carros y lotes de parqueo, costos de desarrollo y mantenimiento de sus plataformas y costos de comunicación marca-cliente.

Lo importante del Lienzo de Modelo de Negocios *(BMC)*, más que completar la información de los nueve bloques, es entender la manera en que estos están relacionados. Es importante tener claro que si se realiza algún cambio en uno de los componentes, otro o varios se verán afectados. Por ejemplo, si la propuesta de valor se convierte en algo más complejo, lo más seguro es que se verán incrementados algunos costos. Adicionalmente, es recomendable realizar varias versiones del lienzo para el mismo negocio, pues pueden reflejar diferentes opciones (modelos de negocios) para desarrollarlo. Adicionalmente, se debe tomar en cuenta que el BMC debe tener iteraciones y cambios con el tiempo, a medida que vamos investigando más sobre el negocio y descubrimos cosas que debemos cambiar o replantear.

Los emprendedores pueden considerar el *BMC* como un ejercicio importante que conviene realizar antes de desarrollar un plan de negocios. Construirlo antes hace evidente aspectos muy importantes que pueden modificar la idea de negocio original o afectar distintas áreas que luego serán desarrolladas en más detalle en el plan de negocios. Un plan de negocios es un documento que explica los objetivos del negocio, por qué el emprendedor cree que puede alcanzarlos y cómo planea hacerlo. Es importante aclarar que el *BMC* no es recomendable para medir la factibilidad de un negocio, pero sí puede dar cierta indicación de si es realista o hay ideas que pueden mejorarlo.

WWW *Para más información sobre cómo preparar un modelo de negocios accede a este sitio (en inglés):*
http://www.businessmodelgeneration.com/.

Recomendaciones al usar el Lienzo de Modelo de Negocios

- Ensaya diferentes ideas.

- Elabora diferentes lienzos para la misma idea de negocio, variando uno o varios de los nueve componentes.

- Piensa en grande. Imagina que tu negocio alcanzará dimensiones mayores de las que inicialmente pensaste. Toma en cuenta ofrecer un producto o servicio globalmente, que crecerá de forma significativa, etc.

- Piensa "fuera de la caja". No busques incluir en el Canvas solo lo primero que pienses o lo que más comúnmente pensarías, sino más bien en ideas menos tradicionales.

- Enseña tu lienzo a otras personas para que te puedan aconsejar sobre lo que está bien pensado u otras formas de mejorarlo.

Página Web Springwise, Bases de Oportunidades de Negocio (disponible en inglés): http://www.springwise.com/

Business Model Canvas: http://goo.gl/s7E25h (disponible en inglés)

Portal de videos sobre diferentes temas: http://goo.gl/dRKQnH (disponible en inglés)

Alexander Osterwalder, Generación de modelos de negocio

"La chispa de la oportunidad" Los niños se pueden divertir y aprender de otras maneras.

Cápsula

Teniendo un trabajo estable en la Tabacalera Centroamericana en Costa Rica, en diciembre de 2009, Gabriela González decidió regresar a Guatemala con el propósito de montar su propio negocio. Inmediatamente empezó a buscar el primer local. La idea del negocio no fue de ella, pero vio en una idea de su hermana una interesante oportunidad.

Con el apoyo de su familia, Gabriela desarrolló un nuevo concepto de entretenimiento educativo para niños, llamado Monkibú, un café-restaurante donde las familias pudieran compartir en un ambiente novedoso que ofrece entretenimiento, juego y aprendizaje a los niños, mientras los padres y abuelos pueden disfrutar de una buena comida y un buen café. Lo que buscó fue innovar sobre los tipos de juegos con base en aprendizaje. La gran ventaja era que no tenían competencia directa.

El enfoque principal era entretener a los niños, que disfruten y se la pasen bien, pero era importante también entretener a los padres, abuelos y demás familiares. Es por esto que surgió el café. Está dirigido a madres jóvenes, innovadoras y prácticas entre 24 y 36 años, de nivel socioeconómico ABC+, y a niños entre 12 meses y 10 años.

Inauguró el primer local en agosto de 2010 en el Centro Comercial Escala en Carretera a El Salvador. Siguiendo su estrategia de expansión, el próximo paso fue abrir dos nuevos formatos de negocio, Monki-Town y luego Monki Haus.

Monkibú es el concepto de playground y *coffee place* con centros de juego y restaurante en un espacio de aproximadamente 300 metros cuadrados. Monki-Town es un concepto en un espacio de entre 100 y 150 metros cuadrados; más que restaurante se enfatiza el autoservicio, y el centro

de juegos. Monki Haus es un tercer formato en un local de 60 hasta 100 metros cuadrados donde solo hay áreas de juego. Únicamente se tiene una pequeña barra de bebidas, compotas y productos empacados. El primer Monki Haus está ubicado en Plaza Cemaco Zona 10. Aquí también se implementó el servicio de Guardería Express, niñeras que cuidan a los niños mientras su madre o padre va a hacer las compras.

WWW Para más información visita su página Web
http://www.monkibu.com/
o en Facebook https://www.facebook.com/monkibugt

Yo emprendo

Piensa en un producto de algunos de tus futuros negocios, busca a cinco posibles clientes y pregúntales si les gusta el producto y qué le cambiarían. Escríbelo.

Ejercicios y tarea

1. Compra una pequeña libreta de notas y rotúlala con el título de "Ideas de un Millón de Dólares". Esta libreta debes llevarla contigo donde vayas y debes anotar en ella todas las ideas de negocio en las que pienses en el día a día. Tu objetivo es escribir, como mínimo, 10 ideas de negocio cada semana durante un mes. Después de un mes, escoge cinco de las ideas para compartir con uno de tus compañeros y en una hoja anota todos los comentarios e ideas que te dieron en relación a esas ideas.

2. Elige una de las ideas que anotaste en tu cuaderno de "Ideas de un Millón de Dólares". Para esta idea, desarrolla por escrito en una hoja los primeros tres bloques del Lienzo de Modelo de Negocios (Business Model Canvas):

    2.1 Segmentos de clientes: ¿A quién o quiénes va dirigido mi producto o servicio?

    2.2 Propuesta de valor: ¿Cómo es el producto o servicio que ofrezco y qué valor le ofrece al cliente? ¿Qué problemas o necesidades resuelve?

    2.3 Canales: ¿Por medio de qué canales daré a conocer y ofreceré mi producto o servicio?

3. Respecto al vídeo de IDEO que te mencionamos arriba: Míralo e identifica los pasos del proceso de innovación que se llevaron a cabo. Describe cada paso

y las conclusiones a las que llegaron.

4. Como tarea de investigación: aplica el proceso visto en IDEO a otro producto, por ejemplo: el empaque o el "display o mostrador" de galletitas saladas rellenas de queso en paquetes individuales para vender en tiendas de barrio o tiendas móviles ("chicleros"). Lleva a cabo cada uno de los pasos y presenta tu prototipo final de lo que sería el empaque o el mostrador de esos productos en la tienda o en la tienda móvil.

5. Entra a la página: www.kickstarter.com y busca un producto llamado The Coolest. Observa cuáles son las características innovadoras de este producto. ¿Cuáles identificas como buenas prácticas para presentar la idea de negocio?

6. Investiga estas dos plataformas de crowdfunding y explica sus diferencias: www.kickstarter.com e www.indiegogo.com. Investiga sobre las tres campañas más exitosas en cada una de las dos plataformas y responde de cada una lo siguiente:

   6.1 ¿Cómo era el producto o servicio? ¿Qué te llamó la atención?

   6.2 ¿Cuánto dinero recaudó cada campaña?

   6.3 ¿Qué elementos consideras que fueron clave para el éxito de la campaña?

   6.4 ¿Aportarías personalmente en algunas de estas campañas? Explica.

7. Entra a la plataforma de www.quirky.com y explica para qué sirve esta plataforma e identifica los tres prototipos más populares en este momento. ¿A qué industria pertenecen? ¿Qué los hace únicos? ¿Crees que sería un producto o proyecto interesante para el mercado guatemalteco?

8. Haz este ejercicio contra reloj, de acuerdo a los tiempos que se te indican:

   8.1 En un minuto escribe todas las necesidades que observas que tiene un joven al que le gusta correr competitivamente.

   8.2 En tres minutos escribe al lado de cada necesidad una idea de producto que podría ayudar a resolver esa necesidad.

8.3 En un minuto selecciona aquellas ideas que te parecen que son las mejores ideas de producto y explica por qué.

8.4 Dibuja el "prototipo" del producto que tú quisieras vender.

8.5 Busca a tres personas a las que les pueda enseñar tu prototipo y preguntarles qué le cambiarían.

8.6 Identifica tres empresas que venden ese producto y que ya existen actualmente. Escribe cuál es la diferencia con tu producto.

9. Haz una lista rápida, tu propio mapa de cuáles podrían ser recursos cercanos para ti, si quisieras empezar un nuevo negocio:

9.2 Personas que conoces, que saben de negocios y que podrían darte un buen consejo.

9.3 Personas que conoces que estarían dispuestas a prestarte dinero porque confían en ti.

9.4 Personas que conoces que tienen buenos contactos a los que podrían presentarte.

9.5 En el ámbito del emprendimiento el primer paso tiene que ver con la confianza que inspiras. Por ello es interesante pensar sobre las personas que identificaste en esta pregunta, en los numerales anteriores: ¿Cómo te describirían estas personas?

9.6 Piensa en lo que te hace falta para enfocar tus esfuerzos en ese punto en el futuro:

9.6.1 Personas que te parecería interesante conocer por su conocimiento, sus consejos o sus contactos.

9.6.2 ¿Cómo te gustaría que te describieran estas personas? ¿Qué acciones necesitas hacer para que vean estas fortalezas o características en ti?

9.6.3 ¿Qué encuentran las personas cuando buscan información sobre ti: en los bancos, en las redes sociales, en Google?

9.6.4 ¿Qué te gustaría que encontraran?

Piensa en tres necesidades insatisfechas de los alumnos en tu colegio y tres necesidades insatisfechas de tus maestros.

¿Por qué el emprendimiento es bueno para *la sociedad*?

Objetivos del capítulo:

Este capítulo busca dar un espacio de reconocimiento a la labor que tiene el emprendedor en la sociedad, como motor de generación de satisfacción y riqueza. Los objetivos de aprendizaje son:

- Comprender que una sociedad con emprendedores exitosos, es una sociedad que está en constante desarrollo y crecimiento.
- Generar en los estudiantes el respeto por esa labor y la admiración por la valentía que tiene el emprendedor para enfrentar riesgos.

"Imaginar sin limitaciones" Verdura que va del canasto del mercado a los exhibidores más sofisticados en supermercados de toda Centro América.

Cápsula

Todo empezó con una vida llena de esperanzas, una visión de que las cosas podían ser mejores, y un deseo profundo de estudio y preparación.

Óscar Chiquitó, con una amplia visión de lo que puede ser, y no sólo de lo que es, decidió empezar su camino empresarial. Óscar, decidió hacer de la actividad económica de la familia, que había sido vender verduras, un negocio a gran escala. Con sus conocimientos[33], su visión y sus contactos, emprendió el camino de trabajo duro y empezó a ofrecer las verduras, tanto producidas por su familia, como de muchas otras familias de los departamentos de Sacatepéquez y de Chimaltenango, a

compradores de grandes empresas de la capital. Comprendió que para que estas organizaciones estuvieran interesadas en comprar había que comprometerse con el más alto nivel de calidad, valor agregado, eficiencia en la entrega, y modelos adecuados de pago. La organización que él y su familia fundaron, Verduras de mi Tierra, se ha convertido en el proveedor de verdura más importante de Walmart Centro América, y de prestigiosos restaurantes en la Ciudad de Guatemala.

---

[33] Oscar, luchador como siempre y con muchos deseos de estudiar, consiguió una beca para estudiar su Licenciatura en Administración de Empresas en la Universidad Francisco Marroquín y posteriormente una beca para estudiar una Maestría en Texas A&M, Estados Unidos.

"La chispa de la oportunidad" El Torito Tuk-Tuk

Cápsula

Un grupo de empresarios guatemaltecos que utilizaba mucho las motos como transporte en sus servicios a domicilio, decidió buscar en el extranjero la oportunidad de ser representante de una firma con posicionamiento global para poder participar en la industria de las motocicletas.

Después de investigar encontraron que ya existía un empresario guatemalteco distribuyendo algunas marcas que eran de su interés, así que fueron en busca del empresario para hacerle una oferta de compra del negocio. El empresario estuvo de acuerdo y dentro del inventario les entregó dos unidades extrañas. Cuando los nuevos dueños de la empresa vieron estas unidades, se preguntaron ¿y ésto qué es?

Los dos siguientes fines de semana decidieron subir una unidad a un camión y llevarla a una ciudad en

Guatemala donde había muchos peatones. La primera la llevaron a Puerto de San José y la segunda a Panajachel. Después de medio día de manejarlos personalmente y vender "pasaje", recibieron en ambos casos muy buenas ofertas de compra. Entonces empezaron a pensar quién sería el sujeto ideal para manejar las unidades. Tenía que ser alguien a quien le sobrara tiempo: los desempleados. Entonces construyeron un modelo de negocio para venderlo a crédito, basándose en el retorno que sabe que tiene este vehículo

al dar el servicio de transporte de cortas distancias. Sería una venta al crédito y junto con el vehículo darían instrucciones de cómo cobrar de acuerdo a la distancia.

Hoy son el distribuidor más grande de este tipo de vehículos y de motocicletas en Centroamérica, además de haber creado una oportunidad de ingreso para varios cientos de miles de personas.

66 El hombre se descubre cuando se mide contra un obstáculo. 99

- Antoine de Saint Exupery

Emprendimiento y riesgo

Tomar riesgo es una característica inherente al emprendedor. El **riesgo** se define como la probabilidad de que las cosas no salgan como esperabas. Es decir, es una estimación (que puede ser matemática, pero también intuitiva) de que se tenga un resultado adverso. El emprendedor toma riesgos calculados, es decir invierte sumas de dinero, capital y tiempo que sabe que puede perder, pero está dispuesto a aceptar el riesgo porque también sabe que puede ganar. De hecho, cuando un emprendedor ha realizado un análisis adecuado e invierte sus recursos en una idea, la probabilidad de ganar debería ser mayor a la probabilidad de perder. Es decir, el valor esperado de su inversión es positivo. Usualmente este valor esperado es mayor a la tasa de retorno promedio del mercado, ya que si no fuera así, al emprendedor le convendría más invertir su dinero en un banco o en otra inversión disponible.

El riesgo es diferente a la **incertidumbre**. La incertidumbre es lo que el emprendedor no sabe, y que tampoco puede estimar matemáticamente o intuitivamente. La incertidumbre refleja aquellas circunstancias que están totalmente fuera de su control. Por ejemplo, puede ocurrir un terremoto que destruya su inversión. Un terremoto es algo muy difícil de anticipar, incluso para los expertos. El emprendedor por lo tanto sabe que enfrentará riesgo e incertidumbre.

Hay sociedades o individuos que toleran más el riesgo que otras, y no está muy clara la razón por la que esto ocurre. Es posible que tenga que ver con razones culturales y quizá genéticas. En ciertas sociedades arriesgar recursos para poner una empresa e incluso perder dinero es bien visto. Por ejemplo, en Silicon Valley invertir dinero en un negocio que no da los resultados esperados, lo que hace que el emprendedor pierda recursos, no está mal visto. De hecho es algo bien visto que se acepta y se promueve. En Silicon Valley se reconoce que la única manera de tener éxito como emprendedor es tratar y fracasar, y volverlo a intentar, hasta que por fin se obtienen resultados positivos. Esto lo explica muy bien el economista Tim Harford en su libro *Adáptate: Por qué todo éxito empieza con fracaso*. Es muy difícil que un emprendedor tenga éxito en su primer intento, pero este le sirve para obtener experiencias y aprendizaje para tratar de nuevo. El emprendimiento es un proceso de prueba y error. Esto es bien reconocido en sociedades emprendedoras como Silicon Valley y un fracaso se ve simplemente como un paso normal hacia logros en el futuro.

En otras sociedades, sin embargo, el fracaso se ve como malo, y se desincentiva el emprendimiento. Estas sociedades no son prósperas, o no son tan prósperas como las que reconocen el valor positivo del fracaso.

Los emprendedores exitosos han fracasado muchas veces, sobre todo en sus etapas iniciales.

> ❝ Donde hay una empresa de éxito, alguien tomó alguna vez una decisión valiente. ❞
>
> - Peter Drucker

En 2006, uno de los autores de este libro se encontraba dando clases en una universidad en Ghana, en el oeste de África. Uno de los estudiantes era Fred, quien era también el presidente de la asociación de estudiantes. Después de graduarse, decidió fundar una pequeña empresa que producía camisas con logos y estampas de África, y su intención era venderlas a turistas y exportarlas e Europa y los Estados Unidos. Lamentablemente las camisas no tuvieron la aceptación que él esperaba y después de mucho trabajo cambiando logos, colores, y buscando nuevos canales para distribuir su producto decidió cerrar la empresa. Después de un tiempo se unió a un grupo de amigos y fundaron otra empresa de fabricación de zapatos llamada "Heel the World" ("pon el tacón en el mundo", que también se puede entender como "Cura el Mundo") con la intención de producir zapatos de muy alta calidad que crearan una moda entre los adultos jóvenes en Ghana. Ghana es un país que se está desarrollando muy rápido económicamente y la cultura corporativa está expandiéndose a pasos acelerados. Muchos jóvenes graduados de la universidad trabajan en bancos, y diferentes empresas. Heel the World produce zapatos de colores no tradicionales: rojos, morados, azules, anaranjados, hechos de cuero o materiales sintéticos. Los zapatos, a pesar de sus colores llamativos, o quizá precisamente por eso, han sido en éxito en Accra, la capital de Ghana. Fred y sus amigos redefinieron el "buen vestir" entre muchos jóvenes africanos que están entrando al mercado laboral. Su meta era producir un producto de África que pudiera mostrarle al mundo que en África también se pueden hacer buenos productos y les ha funcionado. Ahora muchos jóvenes a Europa y Estados Unidos, y muchos de origen africano, compran estos zapatos.

Una de las claves de Heel the World ha sido su estrategia publicitaria y su mensaje positivo. Al igual que zapatos, también venden pulseras hechas con *beads*, que son piedras negras tradicionales de África, combinados con piedras y broches dorados. La estrategia de publicidad se ha centrado en decir que el color negro significa "trabajo duro," y el dorado significa "la última recompensa". La empresa ha aprovechado muy efectiva y creativamente Facebook para dar a conocer sus productos, primero entre sus amigos, y luego al mundo en general.

Recientemente, Fred escribió un mensaje en su muro de Facebook diciendo que no sabía realmente qué estaba tratando de hacer con su primera empresa de camisas. Fue un intento fallido como emprendedor, pero probablemente le enseñó mucho, lo que le ayudó a que *Heel the World fuera un éxito*. **¡El fracaso es parte del éxito!**

Emprendimiento y desarrollo económico

El emprendimiento es un factor clave para el desarrollo económico de un país. Hay varias contribuciones importantes que los emprendedores hacen al desarrollo económico:

Creación de Empleo

Los emprendedores fundan empresas, las que a su vez proporcionan empleos a otras personas. Por ello es importante que un país facilite la labor de los emprendedores. En este sentido, por ejemplo, es importante que los trámites para abrir empresas sean los mínimos posibles.

Pago de impuestos

Mientras más emprendedores y más empresas existan en un país, mayor será la base tributaria y por lo tanto la recaudación fiscal de un Estado. El Estado usa los impuestos que pagan las empresas para financiar bienes públicos como salud, educación, o infraestructura, entre otros. Es por ello que a los países les conviene no solamente promover el emprendimiento local, sino que también atraer empresarios extranjeros a territorio nacional.

Mayor competencia, mayor innovación y mejor nivel de vida

Mientras más empresarios hay en un país se generará más competencia entre ellos. Cuando hay más empresas en el mercado, y sobre todo cuando hay más empresas en una industria, más competencia se genera entre ellas.

La onda expansiva del emprendimiento

El emprendimiento existe en toda sociedad y este cobra vida en la persona… el emprendedor. El emprendedor se encuentra en el centro del proceso de mercado, en el centro de las acciones que pasan en toda sociedad, comunidad o grupo de personas. Si la persona no eligiera actuar y emprender, no pasaría nada, solo sucederían aquellos movimientos de la naturaleza, y los seres humanos tendríamos que adecuarnos a las consecuencias.

El emprendedor es el motor del crecimiento y desarrollo en una sociedad. Es por eso que necesitamos más emprendedores si buscamos crecer, desarrollarnos y tener mejores oportunidades para el futuro. Y además, necesitamos que muchas personas tengan pensamiento de emprendedor, pues es un pensamiento que no ve límites, que quiere, que intenta, que actúa, que busca siempre mejorar, que se fija en los demás pues es a los demás a quienes sirve y que tiene la energía de intentarlo muchas veces y que en base a lo que aprende ajusta sus acciones a futuro.

En los estudios económicos típicamente se miden tres variables para identificar el impacto de un emprendedor. Estas variables responden a estas preguntas:
    a. ¿Cuántos empleos nuevos crea ese emprendedor?
    b. ¿Cuántos impuestos paga?
    c. ¿Cuánto contribuye con el Producto Interno Bruto (PIB) del país?

Sin duda son variables interesantes, pero estas son escasas, no nos ayudan a identificar el verdadero efecto o impacto de un emprendedor.

Por ello, Mónica Río Nevado de Zelaya, una de las autoras del libro Aprende y Emprende, realizó una investigación cualitativa por varios años, buscando comprender lo que las personas que están alrededor de los emprendedores observan de su acción emprendedora y el impacto que genera. El propósito de la investigación es hacer visible esos efectos que genera el emprendimiento.

En base a esta investigación se creó el Modelo REE - Efecto expansivo del emprendimiento (por sus siglas en inglés "the Ripple Effect of Entrepreneurship") que nos permite observar de manera amplia a cada emprendedor que conocemos. Así al leer o escuchar una historia de un emprendedor, hacernos algunas preguntas sobre su impacto y ver más allá que solo su negocio, sino aprender a ver a su alrededor y ver su REE.

[1] Investigación cualitativa es un método de investigación que se basa en la interacción con personas, diálogos, grupos de discusión, entrevistas..

Te has puesto a pensar de qué forma los emprendedores se vuelven agentes de prosperidad y generadores de cambio a su alrededor. Ahora cada vez que veas o conozcas sobre un emprendedor, trata de imaginar en quiénes ha impactado y de qué forma. Cómo su efecto dominó ayuda a crear crecimiento, prosperidad y desarrollo. Sin duda por esto y mucho más necesitamos más emprendedores.

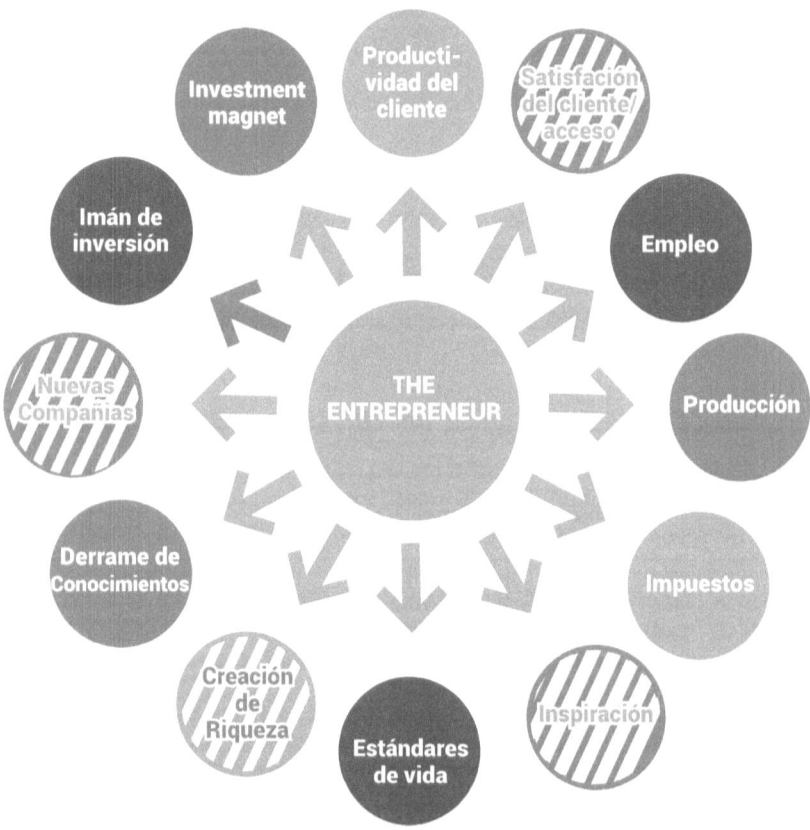

El otro aspecto que sea analiza en esta investigación es identificar en quiénes impacta la acción del emprendedor. Esto nos permite comprender que el impacto es acumulativo y produce lo que en esta investigación se llama "Las olas del efecto expansivo del emprendimiento".

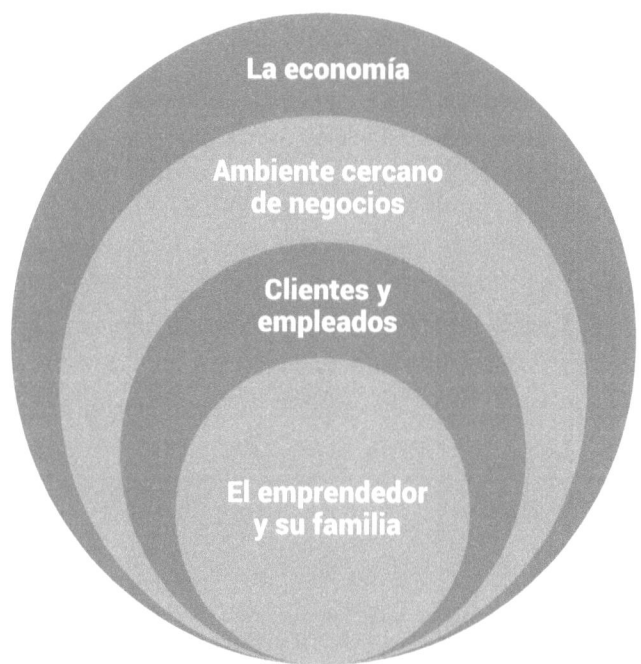

En realidad la más importante de todas estas contribuciones está relacionada con la creación de ganancias o de riqueza. Como dice Charles G. Koch en su libro Buenas ganancias, en el que explica que buenas ganancias es: "crear valor superior para los clientes con menos recursos que lo que otros usan, y actuando siempre con integridad y dentro de la ley. Esas buenas ganancias solo pueden venir si el emprendedor o la empresa está creando o agregando valor a los individuos en una la sociedad". Esa es la única forma en que puede permanecer abierto un emprendimiento: agregando valor y generando riqueza.

Por ejemplo, en el caso de la industria automovilística, mientras más opciones tiene el consumidor, más tendrán que esforzarse las empresas para vender sus automóviles. Es por eso que deben ofrecer mejor servicio, mayor calidad, o precios más bajos, para poder vender. El consumidor le comprará a la empresa que le ofrezca la mejor combinación de servicio, precio y calidad, y las empresas que no respondan a las circunstancias y deseos del cliente desaparecerán, como fue el caso de Blockbuster.

> ❝ La prueba de una innovación no es su novedad, ni su contenido científico, ni el ingenio de la idea... es su éxito en el mercado. ❞
>
> *- Peter Drucker*

Para poder atraer a los consumidores, los emprendedores deben ser creativos e innovar sus productos constantemente. Es por eso que los automóviles que usamos hoy son muy diferentes a los automóviles que existían a principios del siglo veinte. El empresario que no innova constantemente se arriesga a quedar fuera del mercado. Al innovar y mejorar sus productos, o al crear nuevos productos, los empresarios contribuyen a mejorar el nivel de vida. Por ejemplo, el emprendedor que inventó la fotocopiadora fue muy innovador, pero al mismo tiempo facilitó mucho la reproducción de documentos. Él no solamente vendió fotocopiadoras e hizo ganancias, sino que también mejoró el nivel de vida de la sociedad. Es por ello que mientras más emprendedores trabajen en una sociedad mayor será el nivel de vida de sus habitantes.

Artículo de la Revista Forbes, "Como los emprendedores enfrentan la incertidumbre" (How Entrepreneurs Cope with Uncertainty): http://goo.gl/55MWzc (disponible en inglés)

Artículo "Emprendimiento y Desarrollo Económico": http://goo.gl/dbBJWm

Ron Adner, The wide lens: What successful innovators see that others miss

Grameen Bank

Caso 4

Génesis Empresarial es una empresa guatemalteca que hace préstamos de bajo monto a personas de poco recursos. A esos préstamos se les llama microcréditos. En Guatemala hay muchos bancos y organizaciones que ofrecen microcréditos; Banrural es el más grande en la industria.

El micro-crédito inició con la labor de Muhammad Yunus en Bangladesh. Antes de Yunus, se pensaba que las personas pobres no podían tomar un préstamo porque no tendrían como pagarlo. Sin embargo Yunus demostró que los pobres muchas veces lo son porque no tienen oportunidades. El microcrédito es una oportunidad. Yunus era entonces un profesor universitario y organizó con sus estudiantes un programa piloto de microcréditos a personas muy pobres. Pocos pensaron que estos créditos darían resultados, y mucho menos que los pobres podrían pagarlos. Al contrario de lo que se esperaba, quienes recibieron los préstamos los invirtieron en pequeños negocios, vieron mejoras en sus condiciones de vida, y pagaron el préstamo puntualmente. Este ejercicio inició toda una industria de microcréditos en el mundo. Muhammad Yunus fundó su propio banco, especializado en microcréditos, al que llamó el Grameen Bank. Por esta gran contribución, Muhammad Yunus y el Grameen Bank fueron premiados con el Premio Nobel de la Paz en el año 2006. Génesis Empresarial y otras organizaciones en Guatemala como Banrural siguieron el ejemplo del Grameen Bank ofreciendo créditos y servicios financieros a pequeños empresarios y personas sin la capacidad de obtener un crédito en el sistema financiero tradicional. El Grameen Bank, que también opera en Guatemala, utiliza la metodología de "bancos comunales" y "grupos

Muhammad Yunus
Fundador del Graamen Bank
Creative Commons

solidarios". Grameen entrega recursos a un grupo de personas que se encarga de administrarlo. A este modelo se le conoce como banco comunal; el grupo recibe fondos y los administran en pequeños préstamos a los miembros de ese grupo. Los grupos solidarios reciben préstamos que se distribuyen entre sus miembros. El grupo es colectivamente responsable del repago del crédito. Si el grupo no paga corre el riesgo de no recibir más créditos en el futuro. Esto hace que se genere una presión de grupo hacia los miembros para que cumplan con los pagos de los microcréditos. Yunus es un ejemplo de un emprendedor que innovó y descubrió una oportunidad, donde otras personas solo veían problemas y pobreza. Yunus demostró que las personas pobres pueden obtener créditos y pueden pagarlos puntualmente. Con sus servicios financieros Yunus fortaleció la dignidad de emprendedores de escasos recursos que tienen el ánimo de crecer y prosperar.

Yo emprendo

Sueña un poco, lograste empezar uno de estos negocios. Escribe específicamente qué cosas buenas traería para personas específicas de tu comunidad. Piensa al menos en cinco personas diferentes.

Ejercicios y tarea

1. Además de lo que hemos mencionado en el libro, ¿de qué otras maneras crees que los emprendedores benefician a la sociedad?

2. La mayoría de emprendedores exitosos empezaron con proyectos que fracasaron, pero no se dieron por vencidos y lo siguieron intentando. Investiga el caso de un emprendedor guatemalteco dando ejemplos de fracaso y éxito.

3. Da dos ejemplos tanto de riesgo como de incertidumbre.

Cuenta una experiencia en tu vida en la que fracasaste y que te enseñó mucho y te ayudó a mejorar.

¿A qué crees que se refiere el libro de Tim Harford: *Adáptate: Por qué todo éxito empieza con fracaso?*

Elabora un ensayo en el que imaginas cómo sería una sociedad sin emprendedores.

En Twitter los mensajes deben ser de 140 caracteres o menos; escribe un mensaje de menos de 140 caracteres en el que explicas por qué el emprendimiento es bueno para Guatemala.

¿Que escribirías en tu estatus de Facebook para que tus amigos conocieran más de emprendimiento? Sé los más creativo posible.

En grupos de cinco estudiantes y con ayuda de tu maestro o maestra, invita a un emprendedor a tu clase a que explique su experiencia en su empresa. Debería invitarse a un emprendedor por grupo.

Identifica un blog en Internet que comente frecuentemente sobre temas de emprendimiento. Síguelo por lo menos durante cinco días. Redacta un reporte corto sobre las principales ideas del blog con relación al tema de emprendimiento.

> **Piensa en tres oportunidades de negocios que veas en tu camino a la escuela o colegio.**

6
Instituciones y emprendimiento

Objetivos del capítulo:

- Dar a conocer los prerrequisitos o condiciones necesarias para que la actividad emprendedora pueda desarrollarse con éxito en una sociedad. Debe existir, por ejemplo, cierto nivel de confianza que haga posible transacciones económicas indispensables como el crédito.
- Conocer las "reglas del juego," como por ejemplo, la propiedad privada, que generan incentivos para crear y disfrutar de los beneficios del trabajo.

"Hablemos de Guate"
Un *Shuco*, la mejor comida después de salir de fiesta

Cápsula

Durante sus estudios universitarios Oliver Leonowens y Luis Pedro Peralta se vieron en la necesidad de incrementar sus ingresos para lograr la independencia económica de sus padres. En septiembre de 2001, con esta idea en mente, Oliver y Luis Pedro fueron a la zona 3 de El Gallito y compraron su primera carreta por Q5,000, con la idea de vender "shucos", modelo de carretas callejeras de hot-dogs que nacieron hace muchos años en la zona 4 de la ciudad capital y que se han convertido en un ícono chapín.

Cuando salían a parrandear, se daban cuenta de que al salir de los bares o discotecas, tenían ganas de comer algo y no había lugares abiertos para hacerlo. Fue así como se les ocurrió que sería buena idea colocar la carreta afuera de discotecas en la Zona Viva, empezando por Kahlúa.

Eran ellos mismos quienes hacían y vendían los shucos. Esto fue muy bien recibido por sus amigos y allegados, quienes empezaron a contratar el servicio de eventos a domicilio. En palabras de Oliver, "El primer negocio que hicimos con la carreta fue atender un evento de un amigo. Unos días antes, no teníamos la carreta ni los materiales para empezar. Ni siquiera estábamos seguros de quién iba a atender la carreta. Para el día del evento logramos conseguir todo lo que necesitábamos."

Un año después tuvieron la idea de abrir el primer restaurante. El primer local fue abierto cuando Oliver aprovechó para formalizar el negocio. Él nos cuenta: "Abrí el local pensando en atender a los albañiles de la zona, dado que había muchas construcciones en esa época. Comencé con cuatro mesas y una

cocina que atendía personalmente ya que no tenía ningún mesero, hasta que un día pasó un joven y me preguntó si necesitaba ayuda. Pero hasta la fecha, ningún albañil ha entrado al local". Resultó ser que los clientes más frecuentes eran los trabajadores de oficinas y futbolistas de la academia de fútbol Futeca.

Llegaron a tener cinco restaurantes, pero varios de ellos no funcionaron. La parte de carretas para eventos, a pesar que fue la razón por la que comenzó el negocio, se cerró en julio de 2010 por decisión estratégica.

Un tiempo después, Luis Pedro decidió unirse al negocio de La Playa, otro restaurante, y Oliver le compró su parte de Los Shukos. En ese tiempo Florence, ahora esposa de Oliver, le apoyó con la continuación del negocio. Decidieron que una buena oportunidad era entrar a Food Courts, por lo que se dedicaron a abrir quioscos y locales en diferentes centros comerciales. Para ello crearon la marca Los

Shukos, Hot Dogs. Con este concepto, ofrecen diferentes sabores.

Oliver, como Gerente General del negocio, maneja Los Shukos en dos giros de negocio distintos: los quioscos en centros comerciales y el restaurante Los Shukos en zona 14.

Continuando con el espíritu emprendedor, Oliver creó el concepto de Fritas donde venden dobladas de res y dobladas de pollo y abrieron dos locales, uno en el Centro Comercial Portales y otro en el Centro Comercial Miraflores. Con el fin de reducir los gastos, Fritas comparte los locales con Los Shukos.

Debido a que estaba siendo muy difícil competir con el nombre de Los Shukos, a finales de 2012 también creó la marca SHUKAZO, 30 centímetros al carbón, para ofrecer en un local en zona 4. Con este concepto ofrece únicamente tres tipos de panes grandes. En la actualidad, cuentan con seis locales de los tres conceptos: restaurante Los Shukos, quioscos y Fritas (dobladas).

En esta sección analizaremos la relación que existe entre ciertas instituciones sociales y el emprendimiento. Inicialmente definiremos "instituciones" como "las reglas del juego en una sociedad". Para poder entender este concepto podemos pensar en el juego del fútbol. En el fútbol existen instituciones o reglas bien definidas; por ejemplo, si un jugador toca el balón con la mano en su área el árbitro marcará tiro penal. Esta es una regla del juego o una institución. Una institución dice cuáles son las consecuencias de una acción definida. Otra regla o institución en el fútbol es que el tiempo de juego está dividido en dos mitades, y cada una dura cuarenta y cinco minutos. Estas reglas deben respetarse para que el juego marche ordenadamente y con normalidad. Nota que en el fútbol también hay un árbitro que se encarga de hacer cumplir las reglas del juego. Su autoridad debe ser respetada por los jugadores, quienes pueden ser amonestados con tarjetas amarillas o rojas; estas sanciones también son instituciones o reglas del juego que establecen orden en la cancha.

Al igual que en el fútbol, en la sociedad también deben existir instituciones que se respeten para que la vida entre sus miembros funcione bien. Hay una gran cantidad de instituciones necesarias para la vida en sociedad. Aquellas que están directamente relacionadas con el emprendimiento son: la propiedad privada, la confianza, cumplimiento de contratos y un adecuado sistema de justicia. El árbitro, que en este caso es el Estado, debe velar por el cumplimiento de estas instituciones.

1) La propiedad privada

La institución de la propiedad privada consiste en que los individuos pueden ser propietarios de bienes materiales o inmateriales. Para poder comprar y vender en el mercado los emprendedores deben ser primero dueños de sus productos. La compra-venta consiste en la transferencia de esa propiedad. Al mismo tiempo, los emprendedores deben poder disponer libremente de la ganancia que obtengan. La ganancia es el resultado del trabajo y uno de los incentivos principales para ser emprendedores. En general, sin ganancia el emprendedor no está motivado a trabajar. La propiedad privada se refiere a que el emprendedor dispone del resultado de su trabajo. Si el Estado no garantiza la propiedad privada sobre los productos, ganancias, etc., entonces no habrá emprendedores y todas las ventajas asociadas con el emprendimiento desaparecerán. Piensa, por ejemplo, en quién invertirá su tiempo o dinero en una sociedad en la que el Estado u otros individuos pueden arrebatarle el fruto de su trabajo. Esto pasa en algunos países como Zimbabwe, donde el dictador Robert Mugabe viola frecuentemente los derechos de propiedad. Obviamente muchos emprendedores en lugar de invertir sus ideas y capital en Zimbabwe, se van a otros países. De hecho, está demostrado por economistas que estudian instituciones (como Acemoglu, Robinson, y Johnson), que históricamente los países que protegen los derechos de propiedad son países que tienen las mayores tasas de crecimiento económico y son, en el largo plazo, los países más desarrollados.

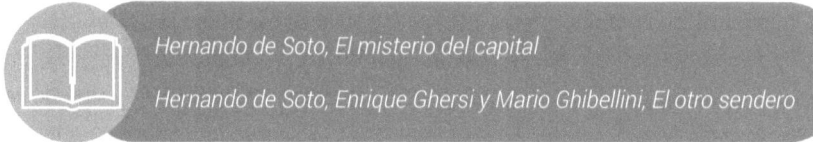

Hernando de Soto, *El misterio del capital*

Hernando de Soto, Enrique Ghersi y Mario Ghibellini, *El otro sendero*

2) Confianza

Sin confianza, las transacciones comerciales se complican grandemente. La confianza es el origen del crédito y de que existan préstamos de dinero para personas a quienes se les tiene confianza. Esto es esencial para que las economías crezcan. Muchas personas en el mercado no poseen el dinero para pagar completamente por los artículos que compran y recurren al crédito como una forma de adquirir bienes y servicios. Muchos emprendedores también necesitan préstamos para financiar sus negocios. El crédito es una promesa de pago a futuro. Comprar con crédito le permite al comprador satisfacer necesidades de consumo o de inversión. La inversión, por ejemplo, le permite al comprador invertir recursos y crecer. Piensa en un pequeño vendedor de comida en un mercado en Guatemala que puede obtener crédito de un banco, una tienda, o de amigos y familiares para comprar una estufa para cocinar. Si no existe confianza de que él pagará el préstamo entonces nadie le prestará, esa actividad comercial no se realizará, y él no se convertirá en vendedor y en un participante activo de la economía.

La confianza es un elemento clave para el desarrollo de las sociedades. Las sociedades donde prevalece la confianza crecen más rápidamente que las sociedades donde impera la desconfianza.

Una sociedad donde no existe confianza, o esta es baja, tendrá que sustituir la confianza por el control, lo que genera costos más altos. La confianza está relacionada con muchos otros elementos. Por ejemplo, con el desarrollo financiero de las sociedades. Hay muchos estudios que demuestran que mientras más desarrollados están los sistemas financieros, es decir donde hay bancos e instituciones financieras que funcionan eficientemente prestando servicios de depósitos, préstamos, seguros, etc., las sociedades tienden a crecer más rápidamente. Como hemos dicho, sin confianza es más difícil que se desarrolle un sistema financiero eficiente. Muchos llaman a la confianza en una sociedad *"capital social"* que se refiere a la confianza, reciprocidad, y cooperación entre los miembros de un grupo social. El capital social se manifiesta en la existencia de asociaciones, cooperativas, clubes deportivos, y grupos de personas en general que trabajan juntos para lograr un objetivo. Seguramente has oído la frase *"la unión hace la fuerza."* Esto se refiere a que se puede lograr más cuando trabajamos junto a otras personas. Cuando trabajamos individualmente todo es más difícil. Un equipo de personas que funciona bien será más eficiente y productivo que una persona trabajando sola. Un ejemplo es este libro, que ha salido a la luz gracias al esfuerzo de varias personas. De hecho, las empresas que son creadas y manejadas por un grupo de personas son, en general, más exitosas que aquellas creadas y manejadas por un solo individuo. En ausencia de capital social y confianza es muy difícil o casi imposible que las personas trabajen juntas y por lo tanto que prosperen.

El sociólogo americano Robert Putman ha estudiado un fenómeno muy interesante: el norte de Italia es más rico y próspero que el sur de Italia. El norte es una de las áreas más ricas de Europa, y cuenta con centros de comercio y producción como la ciudad de Milán; el sur, sin embargo, es una de las áreas más pobres de Europa y tiene niveles de pobreza comparables con partes de América Latina, África, o el Sur de Asia. En sus estudios, Putman ha encontrado que lo que explica las diferencias en niveles de ingreso y prosperidad es que en el norte de Italia existe una gran cantidad de asociaciones, cooperativas, clubes religiosos y deportivos, etc.; es decir, existe mayor integración social y niveles de confianza más altos. Él indica que las asociaciones se formaron antes de la Edad Media en las organizaciones de alfareros, artistas, etc.

Stephen M.R. Covey, La velocidad de la confianza

3) Cumplimiento de contratos y adecuado sistema de justicia

En las actividades comerciales, como en cualquier otro tipo de interacciones sociales, se necesitan compromisos. En el caso de la actividad emprendedora los compromisos se refieren a acciones específicas como: a) entregar el producto cuando el consumidor ya lo ha pagado anticipadamente; b) pagar préstamos a proveedores en caso de que se haya recibido materia prima a crédito; c) entregar un mercancía con la calidad y características acordadas con el cliente, y d) responder a los compromisos de garantías, respaldo, y mantenimiento de los productos y servicios que ofrece, entre muchos otros. Estos diferentes compromisos se especifican en contratos formales o informales. Los contratos formales se refieren a los documentos escritos que se firman física o electrónicamente, y constan de una serie de cláusulas. Los acuerdos informales, son arreglos de palabra. Una economía se desarrolla cuando los contratos entre empresas, clientes, y diferentes agentes económicos, se cumplen. Los contratos son obligaciones legales y en caso de incumplimiento debe existir un sistema legal eficiente, compuesto por cortes y jueces, que hagan cumplir los contratos, o que determinen las penas necesarias en caso de incumplimiento. Generalmente los contratos indican cómo responderán las partes en caso de incumplimiento. Si las cortes y el sistema legal no funcionan, entonces no hay incentivo para que los individuos cumplan con los contratos formales; el único incentivo será el honor personal, lo que funciona en algunos casos, pero falla en muchos otros. Por eso es muy importante contar con un sistema de justicia eficiente.

Al igual que en un partido de fútbol, hay un árbitro que hace cumplir las instituciones o reglas del juego. En la economía debe también existir un árbitro representado por un Estado o un sistema de justicia efectivo para que funcione el juego económico. Los emprendedores productivos surgen en sociedades que poseen sistemas de justicia eficiente.

Artículo "Economía y cultura en la confianza" por Francis Fukuyama: http://goo.gl/RFuzUV

Artículo "Derechos de propiedad: La clave del desarrollo económico" por Lee Hoskins y Gerald P. O'Driscoll Jr.: http://goo.gl/3ulqTo

> ❝¿Mi definición de éxito? Cuanto más alguien esté comprometido de manera activa y práctica, más éxito sentirá.❞
>
> *- Richard Branson*

Facebook

Caso 5

Al igual que Google, Facebook es una empresa muy conocida actualmente, y consiste en una plataforma en la que el usuario se conecta con otras personas que forman parte de su red. De hecho, el valor de Facebook se explica por las llamadas economías de red; mientras más personas se unen a Facebook más valiosa es la red y más difícil es para otra empresa competir con Facebook. Para que otra empresa compitiera en el mercado de redes sociales, esta debería alcanzar una masa crítica de usuarios, lo cual es muy difícil cuando la mayoría de personas ya son usuarias de Facebook. Para un usuario individual es muy costoso salirse de Facebook hacia otra red social porque sus amigos se encuentran ya en Facebook y tendría que convencerlos para que se trasladaran a otra red social, lo cual es muy complejo.

Al igual que Google, Facebook gana dinero de los anuncios que aparecen en sus páginas. Facebook surgió hace diez años como una red de estudiantes en la Universidad de Harvard. Nadie imaginaba entonces que se convertiría en lo que ahora es. Su fundador, Mark Zuckerberg, aprovechó la tecnología disponible y la red fue creciendo. Quizá al inicio él no pensó que Facebook se convertiría en una empresa que generaría cientos de millones de dólares de ingresos. Facebook se ha convertido en una empresa muy innovadora y dinámica, ya que agrega constantemente nuevas tecnologías. Por ejemplo, ahora es posible tener videoconferencias en el chat usando la tecnología de Skype.

Zuckerberg siguió su pasión por la programación y utilizó la tecnología disponible. En cierto sentido es un empresario de tipo Schumpeteriano, ya que la creación de Facebook trajo consigo un proceso de creación-destrucción que redujo el mercado de otras redes sociales, como MySpace, que perdieron usuarios. Otras redes desaparecieron. En cierto sentido, también es un empresario Kirzneriano porque identificó una oportunidad para "conectar" a estudiantes universitarios.

Yo emprendo

Piensa qué tienes tú que te permite hacer esta idea de negocio posible y qué te hace falta. ¿Dónde y cómo podrías encontrar lo que te falta?

Ejercicios y tarea

1. Explica tres reglas o instituciones que se respetan en el deporte del tenis, ¿por qué crees que existen esas reglas o instituciones? Repite el ejercicio con el golf, y con el fútbol que se juega en la calle.

2. Explica tres reglas o instituciones que se dan en la vida social, además de las que hemos mencionado aquí, ¿por qué crees que existen esas reglas o instituciones?

3. ¿Crees que podrían existir emprendedores y mercados si no existiera la institución de la propiedad privada? ¿Por qué sí o por qué no?

4. No todas las reglas o instituciones promueven la prosperidad. Da un ejemplo de una regla o institución que reduce la prosperidad en una sociedad.

5. ¿Cómo puede hacer una comunidad, sociedad o país para aumentar su nivel de capital social?

6. Imagina que estás redactando un artículo corto que aparecerá en *Prensa Libre*. En ese artículo debes explicar qué es el capital social, dar un ejemplo y dar algunas sugerencias sobre cómo se podría incrementar el capital social en Guatemala.

7. En grupos de tres estudiantes, imaginen que están entrevistando al científico

más importante en el mundo sobre capital social. Redacten cinco preguntas sobre el tema que le harían en una entrevista. Luego contesten ustedes a esas preguntas y comparen sus preguntas y respuestas con las respuestas de otros grupos en la clase.

8. Lee la siguiente entrevista a Peter Klein (PK), un experto en emprendimiento, que se publicó en *El Periódico*. Fue escrito por Alexis Batres y publicado el 16 de septiembre de 2011. Contesta las preguntas al final del artículo:

El emprendimiento está más dirigido a sobrevivir[34]

Peter G. Klein, asesor del informe "Monitor de Emprendimiento Global 2011" (GEM, en inglés), resalta el potencial emprendedor de los guatemaltecos.

Alexis Batres

¿Qué características tienen los guatemaltecos que los hacen de los más emprendedores a nivel mundial?

– PK: Los guatemaltecos son muy vibrantes, enérgicos y activos. Se puede ver en las personas que venden cualquier cosa en las calles[,] muchos son muy creativos, están alertas a las oportunidades para encontrar compradores. ¿Qué diferencia existe en el emprendimiento guatemalteco? ¿y el de otros países? – PK: Es muy diferente al de Estados Unidos; allá el emprendimiento se asocia con Silicon Valley con Google y Microsoft, y no se piensa en pequeños comerciantes; en cambio, en Guatemala la gente desea mejorar su nivel de vida, desea crear oportunidades para ellos y sus familias; obviamente no son las mismas cosas que motivaron a Bill Gates, pero comparten esa fuerza de no estar contentos con la vida que tienen.

¿El clima de negocios de Guatemala crea oportunidades?

– PK: Una de las características del emprendedor es ver hacia el futuro, pero necesita cierta estabilidad en el sistema, en su seguridad, transparencia en el Gobierno; tener eso motiva a las personas a acumular recursos para luego invertirlos; pero si se tiene un gobierno corrupto, una estructura de impuestos demasiado complicada, derechos de propiedad inseguros,

---

[34] La entrevista puede encontrarse aquí: *http://bit.ly/1uyB8gi*. Fecha de acceso, 22 de septiembre de 2014.

lo más probable es que se cree un ambiente que no permita florecer emprendedores para invertir en el país.

¿Cómo podemos mejorar?

– PK: Además de las políticas públicas que se necesitan se debe mejorar la percepción a nivel de sociedad que tiene de los emprendedores. No podemos cambiar la cultura en una sola noche, pero se pueden hacer pequeños cambios en los maestros, para que les expliquen a sus alumnos el papel que tienen los emprendedores en el crecimiento de una sociedad, porque si ellos logran el éxito quiere decir que lo obtuvieron mejorando la calidad de vida de otras personas al darles trabajo. Ser emprendedor también implica más riesgo al fracaso. Los guatemaltecos deben aceptar el fracaso porque no pasa nada: es solo un proceso normal de prueba y error. No debemos preocuparnos o alarmarnos de que existan nuevas iniciativas de negocios que no funcionen, y también se relaciona mucho con el entorno que a la larga complica el ejercicio.

¿Qué se debe hacer para apoyar a los emprendedores?

– PK: Se necesitan leyes estables, libertad económica para invertir y adicional a eso se necesita más educación y Guatemala tiene grandes retos para mejorar el sistema educativo. Lamentablemente no existe una fórmula mágica para arreglar las cosas inmediatamente. Incluso así, Guatemala está entre los países con más emprendedores del mundo... – PK: Dentro de un mes saldrá el nuevo estudio (GEM 2011), y Guatemala está bien posicionada; no podemos revelar aún las cifras porque estamos terminado de verificar la información, pero en cuanto al rubro de "Espíritu Emprendedor", el país está bien posicionado.

¿El emprendimiento guatemalteco puede relacionarse con la economía informal?

– PK: La gente pertenece al sector informal porque el sector formal de alguna forma es corrupto o porque hay personas en la vida política que se favorecen de otros y son esas las razones que hacen crecer el sector informal; pero se necesita entender, analizar y cuestionar a las instituciones por qué hay pocas facilidades para que los informales se acerquen al mercado formal.

a) ¿Cuál es el mensaje principal de Peter Klein?

b) Aplica dos conceptos que has aprendido en este libro para analizar dos ideas de la entrevista.

c) ¿Qué preguntas crees que son muy importantes que no se hicieron en esta entrevista? Haz una lista de por lo menos cinco preguntas.

9. En grupos de cuatro, discute y analiza la siguiente pregunta: ¿Es Ricardo Arjona un emprendedor? ¿Sí o no y por qué?

10. Imagina que estás entrevistando al presidente de Guatemala en materia de emprendimiento. Redacta cinco preguntas que le harías; sé lo más específico posible.

Identifica tres necesidades insatisfechas que observas en las paradas de bus o transporte público.

7

Tipos de emprendimiento

Objetivos del capítulo:

Este capítulo le permitirá al estudiante entender sobre diferentes tipos de emprendimiento que se dan y cómo se encuentra el emprendimiento en Guatemala.

- El objetivo principal es tener un panorama general sobre los diferentes tipos de emprendedores y las condiciones y características para los emprendedores en el país.

Cápsula

"Hablemos de Guate" Caso: Wake n' Shake[35]

Pedro Wünderlich y Andrés Canella son dos amigos guatemaltecos que iniciaron su aventura de emprendimiento en el 2011. Pedro y Andrés son creadores de Wake N´ Shake, una aplicación de alarma despertador, inicialmente diseñada para iPhone, con la cual el usuario tiene que sacudir vigorosamente el teléfono celular para que se apague.

Como un excelente ejemplo de *bootstrapping*[36], estos jóvenes realizaron esta primera aplicación con una inversión de aproximadamente $300 y aún trabajan desde su casa y en cafés Starbucks, buscando mantener su costos al nivel más bajo posible. Al día de hoy, han alcanzado la descarga de más de un millón de copias de la aplicación.

Desde que iniciaron con *Wake N´ Shake*, buscaron hacer algo mucho mejor que lo que ya existía en el mercado. Querían hacer una alarma que fuera simple y de fácil uso para el usuario. Se enfocaron mucho en innovar en la *interface* y funcionalidad de la aplicación. Luego de haberla creado, la quisieron llevar a otro nivel incorporando la interacción en Facebook, en donde tus amigos se podrían enterar de qué tan rápido te levantaste, convirtiéndose en una especie de competencia. En cuanto

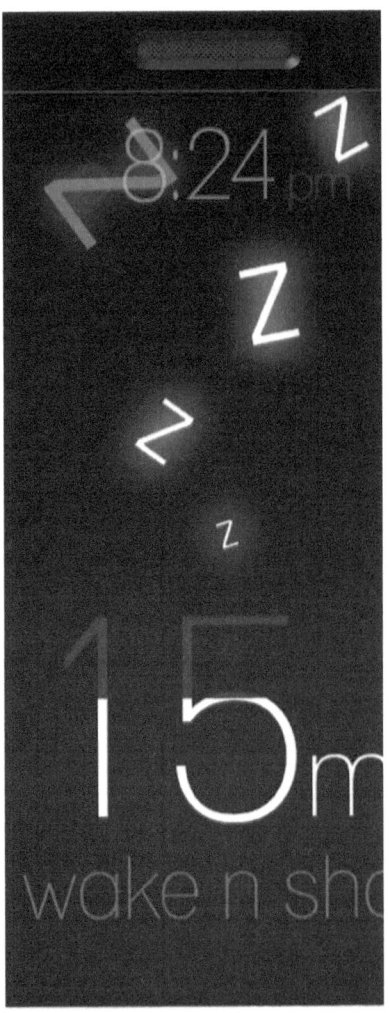

---

[35] Conferencia KEC Talkshow, Universidad Francisco Marroquín, 8 de febrero, 2013. *http://bit.ly/1C5AueK*. Fecha de acceso, 22 de septiembre de 2014.

[36] *Bootstrapping* (www.entrepreneur.com): financiar un negocio y su crecimiento con la asistencia o el apoyo de otros. Puedes encontrar más información aquí: http://bit.ly/1sipSrG. Fecha de acceso: 22 de septiembre de 2014.

a cómo se le ocurrió la idea, ellos explican que una de las mejores formas es empezar con una lista de problemas que tienen las personas y que se podrían resolver por medio de la tecnología y buscaron algo que tuviera un mercado relativamente grande y que fuera popular. Fue ahí donde reconocieron que la dificultad para despertar era un problema bastante común. En las palabras de Pedro, "una buena idea es aquella que soluciona un problema".

Ellos mencionan que los emprendedores guatemaltecos se enfocan, la mayoría de las veces, en oportunidades de negocios para Guatemala y enfatizan que no es lo mejor. Es importante pensar en grande, pensar en productos y soluciones globales.

Algo muy interesante que consideraron para minimizar el riesgo fue empezar con Wake N´ Shake como algo relativamente pequeño, para ver cómo se desarrollaba el negocio y luego

Wake N Shake
Alarm Clock

Wake N Shake

involucrarse en proyectos más grandes.

Algunas de las lecciones más importantes que han sido claves para el éxito que han tenido y que ellos comparten son:

1. Minimizar el riesgo: empezaron con *apps* pequeños para ver lo que realmente funciona y luego buscar un proyecto más grande.

2. Buscar un producto que sea comercializable: Pedro se propuso hacer llegar la historia de *Wake N´ Shake* a personas en las revistas más importantes de tecnología en Estados Unidos, tales como *Tech Crunch* y *Mashable*. Para ello, buscó los contactos en Twitter, Facebook y LinkedIn; hizo todo para hacerles llegar la información. En algunos casos, incluso les mandó correos electrónicos cuidadosamente escritos para llamar su atención. Ellos enfatizan que no se necesita mucho dinero para mercadear y dar a conocer un producto; realizaron el

133

primer video de promoción con una simple cámara.

3.Aprender las habilidades necesarias: Pedro y Andrés aprendieron todas las habilidades que necesitaban para desarrollar la idea de negocio: programación, estrategia, mercadeo, etc.

4.La idea no es todo: la idea realmente es un punto de partida, es una buena idea hasta que se ejecuta. Adicionalmente es importante considerar todo el trabajo y los costos que son necesarios para llevarla a cabo.

5.Saber cuándo salirse del negocio: es mejor botar proyectos que no están siendo exitosos y moverse al siguiente en vez de quedarse en el mismo proyecto por las razones equivocadas.

Luego de *Wake N´ Shake,* su siguiente proyecto fue el desarrollo de *React Messenger,* aplicación móvil de mensajería instantánea. La idea surgió porque se dieron cuenta de que las emociones pueden representar un buen negocio. Esta aplicación busca generar emociones positivas en los usuarios, además de las que se generan con las aplicaciones de mensajería ya existentes, compartiendo las expresiones faciales en tiempo real.

"Entrepreneurship" vs. "Intrapreneurship"

La actividad emprendedora puede clasificarse en dos tipos: "entrepreneurship" e "intraprenurship." Ambas palabras están escritas en idioma inglés y significan cosas distintas. Entrepreneurship, como hemos visto antes, se refiere a la creación de nuevas empresas. Intrapreneurship, por otro lado, se refiere a la creación de nuevos productos dentro de una empresa en marcha. Intrapreneurship se refiere, por ejemplo, a crear un nuevo producto dentro de un banco que está funcionado en el mercado. Por ejemplo, un empleado del banco puede crear un nuevo producto que consiste en un microseguro para personas muy pobres. Los clientes del banco de escasos recursos podrían dar una cuota módica de dinero mensualmente (lo que se llama prima) para que en el caso de eventualidades (como una enfermedad, por ejemplo), puedan reclamar el seguro al banco, para cubrir ciertos gastos médicos, entre otras cosas. Esto quiere decir que los trabajadores de una compañía existente pueden tomar acciones propias de emprendedores al innovar y crear productos nuevos. Empresas como Google y 3M se caracterizan por estimular a sus trabajadores a crear nuevos productos. Así surgieron productos como "Gmail", "Google Translate", "Google News" y "Blogger" de Google y el "post-it" de 3M.

> ❝ Estoy convencido de que aproximadamente la mitad de lo que separa a los emprendedores exitosos de los emprendedores no exitosos es la perseverancia. ❞
>
> *- Steve Jobs*

Emprendedores formales e informales

Los emprendedores también pueden clasificarse en formales o informales. Los emprendedores informales son aquellos que operan sin estar inscritos en el Registro Mercantil ni en la Superintendencia de Administración Tributaria y por lo tanto no pagan todos los impuestos que les corresponderían. Varios vendedores de la calle, por ejemplo, son emprendedores informales. Los emprendedores formales poseen negocios que están registrados legalmente.

Los emprendedores informales no son necesariamente malos para una economía. ¿Por qué existen los vendedores informales? Una de las razones principales es que es caro convertirse en un vendedor formal. Para formalizarse, un emprendedor debe hacer los trámites burocráticos que eso implica; muchas veces estos trámites son engorrosos y en lugar de facilitar la formalización de nuevas empresas, lo hacen más difícil. Muchos vendedores informales son de escasos recursos y no cuentan con los recursos o el tiempo de formalizarse. Otra razón por la que muchos de estos vendedores no se formalizan son los impuestos. Los impuestos son una carga financiera que muchos emprendedores pequeños no pueden soportar.

Idealmente quisiéramos que todos los emprendedores en un país se formalizaran, pues ser formales les permite acceso a crédito, expansión a otras escalas, participar en procesos de exportación de sus productos y otros beneficios que no están disponibles al ser emprendedor informal. Todos estos recursos les permiten llegar a otros niveles de crecimiento y acceder a otros mercados, a las cuales solo tiene acceso el emprendedor formal. Sin embargo, debemos reconocer que muchos emprendedores no podrían existir bajo un régimen legal que cobra altos impuestos y que establece muchos requisitos para la formalización. En este sentido, lo que el Estado puede hacer es reducir al mínimo los trámites y requisitos que los pequeños empresarios deben realizar para inscribirse.

Emprendedores por necesidad y emprendedores por vocación

La organización GEM (*Global Entrepreneurship Monitor* o Monitor Global de Emprendimiento) es un consorcio de universidades que realizan investigación sobre emprendimiento alrededor del mundo. Ellos han descubierto que los emprendedores pueden clasificarse por lo que los motiva para iniciar un negocio: (1) por necesidad y (2) por vocación (o "por oportunidad"). Esto significa que algunas personas crean empresas porque no les queda otra mejor opción laboral; para ellos abrir una empresa es la última opción para generar ingresos y subsistir, es una especie de emprendimiento de subsistencia. A este tipo de emprendimiento le llaman "emprendimiento por necesidad." Por otro lado, está el emprendimiento por vocación (o "por oportunidad"), el que realizan personas que tienen un deseo de convertirse en emprendedores, crean empresas y viven de ellas, aun cuando tienen otras oportunidades de trabajo que les generarían ingresos. En países como Guatemala (cuadro de abajo), el emprendimiento por necesidad es más común que el emprendimiento por vocación. Esto puede deberse a que en nuestro sistema educativo no existe suficiente énfasis en la importancia y la vocación emprendedora. Otra explicación puede ser la dificultad en los trámites para abrir nuevas empresas. Investigadores del GEM también han encontrado que en Guatemala la mayor proporción de emprendimientos es de emprendimiento temprano. Esto quiere decir que hay muchas empresas jóvenes; un pequeño porcentaje de esas empresas logra mantenerse en el mercado y consolidarse a lo largo del tiempo, pero muchas empresas nuevas desaparecen pronto. No está muy claro por qué ocurre este fenómeno.

> 66 La única cosa que cada viaje emprendedor tiene en común es que hay muchos, muchos pasos en el camino hacia el éxito. 99
> - Tori Burch

Emprendimiento en Guatemala

El estudio, realizado en el país por la Facultad de Ciencias Económicas de la Universidad Francisco Marroquín (UFM), da cuenta de que el 16.2% de las personas mayores de 18 años tienen ideas para un negocio nuevo, de las cuales el 8% se constituye como tal, pero solo 6.6% persiste o sobrevive.

Jaime Díaz, del equipo nacional de la Facultad de Ciencias Económicas de la UFM, que trabajó en el estudio, señaló que la mayor parte de los emprendimientos en el país se explica por la falta de empleo formal, por lo que se constituyen en fuente de autoempleo o medio para complementar los ingresos.

Añadió que ello se evidencia en que una buena proporción de los que reportan emprendimientos tienen empleos parciales, están desempleados o lo hacen para autoemplearse.

Poco desarrollo

El informe también revela que los negocios en Guatemala tienen bajos niveles de capitalización. "El 68% de los propietarios y negocios establecidos reportan que su inversión inicial fue menos de Q5 mil; el 14%, entre Q5 mil y Q10 mil, y el 10%, entre Q10 mil y Q20 mil", refirió Díaz. Hugo Maúl, otro miembro del equipo de investigación, dijo que como consecuencia de esa baja inversión inicial, las nuevas empresas son de baja escala, por lo que generan pocos empleos y agregan poco valor a sus productos. Agregó que el GEM [Monitor Global de Emprendimiento] reveló que los nuevos no generan ningún empleo adicional; 40.5 genera entre uno y cinco puestos de trabajo y el 1% entre seis y 19 plazas", puntualizó Maúl.

La capacidad de generación de empleos de los nuevos negocios es acorde con el tamaño de las empresas, ya que el 32% reportó ventas mensuales menores a Q1 mil; el 48%, entre Q1 mil y Q5 mil, y el 14%, entre Q10 mil y Q25 mil. Según Díaz, el 72% de las empresas está orientada al consumo; el 20%, a la transformación de materia prima; el 6%, a servicios, y el 1% a actividades extractivas. De acuerdo con Maúl, entre los factores que afectan el desarrollo de nuevos negocios figura el poco acceso al mercado de capitales, la falta de políticas públicas que promuevan los emprendimientos, la educación formal que no estimula nuevos talentos y la poca investigación y transferencia tecnológica.

Fuente: **Prensa Libre,** *19 de Octubre de 2011. Por Agustín Ortiz. http://bit.ly/WzoGfb*

Barreras a los emprendedores

Hay varias barreras que dificultan la entrada de nuevos emprendedores al mercado: *barreras legales y barreras físicas.*

Barreras legales

Entre las barreras legales están los procedimientos burocráticos que en muchas ocasiones son confusos y requieren tiempo y dinero. Nos referimos, por ejemplo, a la facilidad o dificultad de inscribir legalmente un nuevo negocio. En muchos países la apertura de un nuevo negocio puede tomar varios meses; en economías desarrolladas puede tomar dos o tres días registrar un negocio. Mientras más fácil es abrir un negocio, más emprendedores habrá.

Barreras físicas

Las barreras físicas se refieren a la infraestructura necesaria para operar eficientemente un negocio. Entre estas tenemos: la falta de energía eléctrica, agua potable y carreteras en mal estado. Cuando no se cuenta con un suministro estable de energía eléctrica se incrementen los costos de los emprendedores, quienes deben de incurrir en mayores gastos para adquirir generadores, baterías, paneles solares u otras fuentes de energía para sus operaciones comerciales. De hecho, si el costo de la energía es muy alto, varios emprendedores preferirán cerrar sus empresas. La falta de agua potable también representa un problema, al igual que las carreteras en mal estado; estos incrementan los costos de hacer transacciones comerciales.

El Banco Mundial (2013) publica cada año un ranking llamado "Haciendo Negocios"[37]. En él ordena a 185 economías de acuerdo a la facilidad que presentan para hacer negocios. En el siguiente cuadro vemos los resultados para Guatemala. Guatemala se encuentra en el lugar 93, aproximadamente a la mitad de la lista. Mejoró su posición en 5 lugares respecto al 2012.[38]

Artículo Revista Inc. "10 cosas que los emprendedores necesitan saber sobre intrapreneurship (10 Things Entrepreneurs Need to Know about Intrapreneurship): http://goo.gl/qWXBPh (disponible en inglés)

Monitor Global de Emprendimiento en Guatemala: http://gem.ufm.edu/

Gerard Tellis, Unrelenting innovation: How to create a culture for market dominance

---

[37] Los reportes pueden encontrarse en: *http://goo.gl/gyBg9W*
[38] Nota que el ranking se calcula con datos del año anterior.
Por ejemplo, el ranking del año 2013 está hecho con datos del año 2012.

"Haciendo negocios" en Guatemala

	2013	2012	Cambio
Posición en el ranking	93	98	5
Empezar un negocio	172	168	-4
Tramitar de permisos de construcción	94	146	52
Acceso a electricidad	34	33	-1
Registro de propiedad	20	22	2
Obtener crédito	12	9	-3
Protección a inversionistas	158	155	-3
Pago de impuestos	124	121	-3
Comercio con otros países	117	115	-2
Cumplimiento de contratos	96	98	2
Resolviendo insolvencias	109	107	-2

En Guatemala es difícil empezar un negocio, hay poca protección a inversionistas y es difícil pagar impuestos. Sin embargo, en otras áreas el desempeño es bueno; por ejemplo para obtener un crédito, registrar propiedad y obtener electricidad. Guatemala ha mejorado mucho en la facilidad para obtener permisos de construcción y en el acceso a información pública (que no está en el cuadro de arriba).

Yo emprendo

¿Qué pasos necesitas hacer para que tu negocio sea formal? Averigua y escribe cada paso, dónde debe hacerse y cuánto cuesta.

Ejercicios y tarea

1. Entrevista a un emprendedor cerca de ti y pregúntale sobre las barreras o dificultades que enfrenta diariamente en su negocio. ¿De qué forma lo afecta la delincuencia en Guatemala? ¿Qué mecanismos usa para vencer esos obstáculos?

2. Los "vendedores de la calle" forman parte usualmente de la economía informal. ¿En tu opinión, su actividad económica en las calles ayuda o perjudica a la sociedad? Responde a la pregunta usando ejemplos específicos.

3. Investiga y explica brevemente tres ejemplos de "intra-preneurship."

4. Imagina que eres profesor de emprendimiento en una escuela primaria de Guatemala. Redacta un programa de clase donde cubras los conceptos principales sobre el tema. Redacta también para cada concepto una actividad que debe ser realizada por los niños para comprender mejor los conceptos.

5. Investiga a un empresario indígena guatemalteco, describe su principal actividad emprendedora y redacta un ensayo de dos páginas sobre su trabajo.

6. Redacta un ensayo en el que analices la siguiente pregunta ¿Es más difícil en Guatemala ser emprendedor para una mujer que para un hombre?

7. Redacta diez ideas principales sobre emprendimiento que has aprendido a lo largo de este curso. Piensa cuáles ideas te gustaría recordar en el año 2025.

> Identifica tres cosas que le facilitarían a una persona transportarse en bicicleta.

8 Emprendimiento *Social*

Objetivos del capítulo:

Algo de lo que se habla con mayor frecuencia hoy en día es el emprendimiento social.

- Que el maestro y el estudiante comprendan lo que significa este tipo de emprendimiento y conozcan algunos ejemplos del mismo, tomando inspiración de emprendedores que han fundado negocios con el fin de resolver problemas sociales.

Cápsula

"Imaginar sin limitaciones"
"Ver en un güipil una pieza de arte única e irrepetible"

Después de ganar varios concursos de belleza, Alida, una modelo profesional, decidió salir de Guatemala para aprovechar oportunidades de trabajo y estudios en Estados Unidos. Tenía tan solo 15 años. En su recorrido aprendió mucho sobre los productos comerciales en el mundo de la moda. En una de sus visitas a su querida familia en Guatemala, acompañó a su mamá a visitar algunas comunidades con las que solían hacer proyectos de educación. Observó el talento de muchas mujeres tejedoras de güipiles. Por unos segundos tuvo una visión, "¡cuánto quisiera el mundo de la moda tener acceso a estas piezas de arte, hechas a mano!".

más exóticas del mundo. Debía ser un producto que tuviera los estándares de calidad más exigentes, pero que además les diera un ingreso importante a estas mujeres artistas, que trabajan con gran dedicación en cada güipil. Dice Alida, emocionada: "Solo necesitábamos asegurarnos de que los hilos con los que ellas cosieran fueran de la mejor calidad y que tuvieran un entorno que les permitiera crear diseños únicos".

Decidió entonces diseñar un producto que pudiera estar en las tiendas de mayor prestigio de las ciudades

Pensó en una bolsa hecha de güipil, pues combina con todo y puede agregarse a cualquier estilo de vestimenta. Usando los mejores cerrajes que existen en el mercado internacional, estos innovadores diseños han logrado conquistar el mercado de Dubai, varias ciudades de Estados Unidos, Europa y Centroamérica. Son piezas únicas e irrepetibles, una muestra de Guatemala para el mundo. Hoy en día, Alida, con estilo y elegancia cuenta la alegría que le produce ver a cada una de estas señoras tejiendo productos de exportación.

"Imaginar sin limitaciones" De la basura también se puede hacer negocio

Cápsula

Luego de graduarse de la Universidad Francisco Marroquín e inclusive obtener su grado de MBA, Vinicio Sosa realizó tres emprendimientos que no tuvieron éxito.

Desde muy pequeño le interesó el medio ambiente y quería hacer algo con la basura. Un día leyó un artículo sobre lo dañino que son los desechos de aparatos electrónicos para el medio ambiente y lo que se puede hacer con ellos. A raíz de esto, investigó qué se estaba haciendo en Guatemala con relación a ese tema y no encontró nada. Ingenuamente, pensó que era muy positivo el que no hubiera competencia y que él, montando un negocio sobre el reciclaje de electrónicos, se llevaría toda la "tajada" del mercado, pero estaba equivocado.

Inició la empresa de Reciclajes Electrónicos Centroamericanos, S.A. (Recelca) con diez mil dólares y a los tres meses ya no tenía dinero en la cuenta de banco; tenía tres empleados a los que les tenía que pagar sueldo y además pagar el alquiler de la bodega.

Decidió trabajar para otra empresa durante dos años para subsidiar su propia empresa. Todo lo hacía a través de Internet y correo electrónico y en la hora de almuerzo visitaba a sus clientes. Lo ascendieron en la empresa donde trabajaba y tuvo que irse a vivir a Dallas por tres meses. Hubo muchas ocasiones en que sus familiares le sugerían que cerrara la empresa porque estaba perdiendo dinero pero él decidió seguir adelante, mostrando la verdadera persistencia de un emprendedor.

Recelca es una empresa guatemalteca que ofrece una amplia gama de servicios de reciclaje electrónico, incluyendo equipo obsoleto y en desuso, compra de tarjetas electrónicas obsoletas y en desuso, destrucción de información certificada y servicio de recuperación de activos.

"La cascada de un emprendimiento"

Cápsula

"Un hecho que nos cambió la vida y generó un emprendimiento que le cambia la vida a las familias de los niños sordociegos"

Todo comenzó en mayo de 1996, cuando la Señora Helen de Bonilla aceptó la invitación a participar como madrina en el bautizo organizado por un Hogar para niños huérfanos. Al llegar, escuchó a las organizadoras comentar que había un niño de cuatro años que no sería tomado en cuenta y cuando preguntó el motivo le explicaron: "No ve, no escucha y tampoco habla, no entenderá lo que está pasando". Ella insistió en ser madrina de ese niño llamado Alex y al conocerlo la cautivó la alegría y la intensidad con la que disfrutaba los pequeños detalles de la vida. No sólo en el corazón de Helen, sino en el de toda la familia surgió un sentimiento especial hacia Alex que los motivó a adoptarlo. En Guatemala la sordoceguera era desconocida, por lo que llenos de amor hacia Alex se dieron a la tarea de informarse e investigar cómo educarlo. Al poner en práctica todo lo aprendido lograron que Alex aprendiera a moverse, a comer solo, a saber cuándo era hora de dormir, a ir al baño y hacer señas para comunicarse... Los padres de Alex, al ver que estos pequeños milagros le proporcionaban bienestar no solo a su hijo sino a toda la familia, consideraron que era importante contactar a otros padres de familia para compartir con ellos lo que habían aprendido. Así, en diciembre

de 1997 constituyeron legalmente *"La Fundación Guatemalteca para Niños con Sordoceguera Alex – FUNDAL"* y en marzo de 1998 abrieron las puertas de su primer centro especializado en la educación para niños sordociegos. Este emprendimiento social comenzó con dos alumnos y en la actualidad se benefician más de 200 familias en sus programas para la capital y el interior del país. Con Alex, la vida cambió por completo para la familia Bonilla y para todas las personas que gracias a FUNDAL han confirmado que la comunicación trasciende la oscuridad y el silencio.

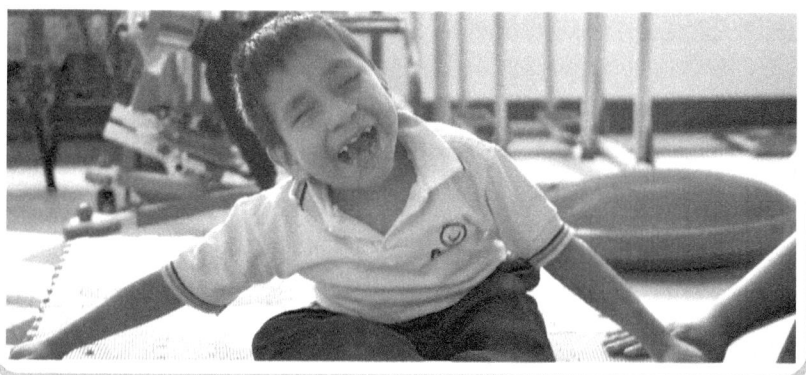

> " Usted tiene que besar muchas ranas para encontrar el príncipe...Pero recuerde, un príncipe puede pagar por un montón de ranas. "
>
> - 3M

Emprendimiento Social

Como hemos visto, el emprendimiento consiste en ser creativo e innovador para producir nuevos productos y servicios que agreguen valor para todos los involucrados. En las secciones anteriores hablamos de los emprendedores comerciales. Existe un campo especial del emprendimiento que se llama "emprendimiento social". Tanto los emprendedores comerciales como los emprendedores sociales son necesarios para el desarrollo socioeconómico de un país y todos buscan crear valor.

Te vamos a contar sobre una empresa en Estados Unidos que se llama Toms Shoes (Zapatos Toms). Toms ha adoptado un modelo que ha sido muy exitoso en la producción y venta de zapatos. Por cada par de zapatos que ellos venden, donan otro a niños en países en desarrollo. Este modelo de negocios ha hecho que sus zapatos se vendan muy bien y además le ha permitido llevar zapatos a niños en áreas pobres del mundo. La empresa ha tenido un desempeño extraordinario. Sin embargo, recientemente su modelo de negocios ha sido criticado. Algunos críticos afirman que los zapatos que Toms regala en países pobres reducen la demanda de zapatos hechos en esas localidades y por lo tanto le quitan trabajo a los zapateros locales. Toms mantiene este modelo y ha creado otro producto que ha sido también muy exitoso: lentes para sol. Estos lentes tienen un precio entre US$ 100 y 200 y por cada par de lentes que vende Toms, ayuda a mejorar o recuperar la vista a una persona necesitada en un país en desarrollo. Esto lo hace a través de regalar lentes, operaciones de catarata o diferentes tratamientos médicos. Toms se diferencia de otras empresas que producen zapatos y lentes, porque además de vender estos productos, la empresa busca tener un impacto en otras comunidades. Los clientes saben esto y muchos de ellos compran zapatos y lentes Toms precisamente por este impacto social. Empresas como Toms no son netamente comerciales, sino que tienen motivaciones sociales.

Las empresas sociales son empresas que se crean con el propósito de resolver un problema social. Esto está claramente especificado en la misión de la empresa. Por ejemplo, en Guatemala existen varias empresas sociales. Una de ellas se llama Ecofiltro. Ecofiltro es una empresa guatemalteca que vende filtros de agua en áreas urbanas y rurales de Guatemala. Su misión se enfoca en llevar agua limpia a hogares Guatemaltecos. A continuación está su misión, como aparece en su sitio de Internet:

Nuestra filosofía de desarrollo resuelve el problema de la crisis de agua usando materiales sostenibles de una manera sostenible, incluyendo recursos financieros y fuerza laboral, reduciendo la necesidad de la gente de depender de ayudas internacionales y recursos extranjeros. Tratamos de trabajar tanto como sea posible con recursos locales, desde la fábrica hasta el filtro. Ahora los 800 millones de personas alrededor del mundo que viven sin agua potable tienen la oportunidad de hacer algo sin depender de los gobiernos. Organizamos comunidades rurales para que ellas tomen control de su propia salud de la misma forma que lo hacen los países desarrollados, mediante mayor conocimiento de los problemas y agua barata y limpia.

Página de Ashoka sobre México y Centroamérica: http://mexico.ashoka.org/

Charla de Ernesto Sirolli (TEDx): https://goo.gl/gx0wgJ (disponible en inglés)

Características de las empresas sociales:

Son guiadas principalmente por la misión, que plantea un problema social y dice cómo solucionarlo.

La razón de ser de la empresa social es encontrar soluciones a un problema social, el cual puede ser falta de educación, pobreza, enfermedades, etc. En el caso de Ecofiltro, su misión consiste en proporcionar agua limpia a bajo precio y esto lo hace mediante la venta de filtros de agua. Para las empresas sociales su prioridad es cumplir su misión; la acumulación de ganancias se supedita al cumplimiento de la misión. En el caso de Tom Shoes, la empresa se fundó con el propósito de reducir la pobreza.

Usualmente son empresas autosostenibles, se mantienen con los ingresos que generan en las ventas de sus servicios.

Para una empresa social es fundamental vender sus productos para generar los ingresos necesarios para cubrir sus costos, pagar los salarios, y generar un saldo positivo. La creación de valor o generación de un saldo positivo es clave para el sostenimiento de la empresa, para crear los incentivos correctos en su administración y para potenciar el logro de su misión. Como dice una famosa frase "Sin margen no puede trabajarse en la misión". Una empresa es autosostenible cuando no depende de subsidios o donaciones para poder funcionar. Toda empresa social debe buscar la autosostenibilidad, aunque hay muchas empresas sociales que por su naturaleza dependen de donaciones para llevar a cabo sus actividades; este es el caso, por ejemplo, de Partners in Health (Compañeros en Salud), una organización estadounidense que provee servicios de salud en partes muy pobres del mundo en Haití, Perú, Ruanda y Rusia, entre otros.

Ecofiltro se financia principalmente de la venta de los filtros y cumple su misión mediante un subsidio cruzado. El subsidio cruzado funciona de la siguiente manera: Ecofiltro vende filtros a un precio más alto a personas de mayores ingresos, usualmente en la ciudad capital, y utiliza parte de este dinero para cubrir el precio de los filtros que vende a precios más bajos en áreas rurales.

Enrique Dans, Todo va a cambiar

Kingo
Guatemala

Caso 6

Kingo es una empresa de energía renovable que provee soluciones al problema de falta de energía eléctrica en áreas rurales de Guatemala. Lo hace a través de la venta de sistemas de energía solar que le permite a los hogares tener luz en casa y cargar algunos aparatos electrónicos, como teléfonos celulares.

La empresa fue fundada a principios del 2010, cuando ganó una competencia de plan de negocios patrocinada por la organización AIDG. Kingo fue fundada por Manuel Aguilar y Juan Fermín Rodríguez. Manuel es un joven guatemalteco que estudió una maestría en astrofísica y una licenciatura en astrofísica y física en la Universidad de Harvard. Después de trabajar en varios proyectos científicos y de trabajar en el sector financiero en Estados Unidos, regresó a Guatemala.

Por su parte, Juan Fermín es un emprendedor, graduado de la Universidad Francisco Marroquín, con grandes capacidades para generar empatía y claridad para visualizar modelos de negocio y formas de hacerlos crecer.

Hay alrededor de 500,000 familias en Guatemala que no tienen acceso a energía eléctrica.[39] En ocasiones las personas tienen que caminar por varias horas para cargar sus teléfonos celulares. Los hogares guatemaltecos que no tienen acceso a luz eléctrica gastan alrededor de Q160 en candelas al mes, Q1,920 al año. Kingo les vende el equipo solar por un precio menor a lo que las familias

[39] El dato está tomado de este excelente video sobre Kingo en Youtube. http://bit.ly/1DtjvVn. Fecha de acceso, 22 de septiembre de 2014.

gastan en candelas, por lo tanto los hogares ahorran recursos al comprar el sistema. Desde su fundación, Kingo ha vendido más de 20,000 sistemas solares a familias en áreas rurales. Este modelo financiero le permite a Quetsol ser una empresa autosostenible en el mercado.

Los fundadores de Quetsol son emprendedores kirznerianos en el sentido que utilizando una tecnología disponible, aprovecharon una oportunidad en el mercado para obtener ganancias y al mismo tiempo ayudan a resolver un problema que enfrentan los hogares más pobres del país. Son también schumpeterianos en el sentido que han desplazado a otras tecnologías, las candelas, del mercado.

Juan Fermín Rodríguez cuenta su historia:

Desde que recuerdo, mi padre, un emprendedor, nos enseñó el valor del trabajo y del esfuerzo que se pone en él. Siendo cuatro hermanos y una hermana, la vida nos enseñó a competir y a trabajar como equipo, basados en la confianza y los valores.

A la edad de 17, mi hermano y yo empezamos nuestro primer negocio, una compañía de distribución de frutas y verduras para escuelas y restaurantes. Esto nos ayudó a pagar la universidad.

A la edad de 20, empecé a trabajar en mercadeo para una empresa multinacional en Guatemala, pero me salí de allí a los 22 para empezar una agencia de publicidad enfocada en medios. Como había sido parte de una banda de música por siete años, teníamos acceso a estudios de audio donde grabábamos canciones publicitarias, programas y comerciales.

Debido a la alta competencia, volví a la empresa multinacional por dos años más, cuando tenía 24 años. Luego la dejé de nuevo para empezar

---

[40] La entrevista con Juan Fermín Rodríguez se obtuvo de este sitio: http://bit.ly/Q0hzu0 . Fecha de acceso, 22 de septiembre de 2014. La traducción la realizó Andrés Marroquín.

una aventura que me cambio la vida, Kingo. ¡Han sido 6 años hasta ahora! Juan describe el crecimiento de Kingo:

En Kingo, no comprometemos la integridad humana. Nos enfocamos en entregar soluciones energéticas sostenibles de alta calidad, que se centran en el cliente. Estamos orgullosos de contratar seres humanos integrales que comparten valores similares sobre la vida y el ser humano. Es por eso que la satisfacción de nuestros clientes y la salud del ambiente no se ponen en riesgo en Kingo. ¡En solo 23 meses, KINGO creció de 2 empleados a 14! Luego crecimos a 25 empleados y seguimos creciendo.[40]

Kingo ha hecho alianzas con instituciones microfinancieras que dan financiamiento a familias para adquirir los sistemas solares. Recientemente, Kingo también ha implementado un nuevo modelo de negocios, en el cual alquila los sistemas solares ((el kit) y las personas pueden comprar diferentes cantidades de energía eléctrica por día, semana, mes, de acuerdo a la necesidad que tengan, por medio de un sistema pre pago desde su teléfono móvil).

Una de las cosas más interesantes en este caso es lo que ambos emprendedores hicieron para comprender a sus posibles clientes, y fue aproximarse a ellos, escucharlos, y así entendieron claramente sus necesidades: tener luz sin tener el compromiso de un pago fijo al mes, sino un sistema variable que le permite a cada cliente decidir a diario cuánto quiere gastar en energía. Esa capacidad de ser empáticos con el cliente, es decir entender y sentir lo que el cliente siente, les permitió construir un modelo de negocio exitoso. Su creatividad e innovación para construir un producto con esas características y luego buscar fuentes de financiamiento originales (usando Internet, redes sociales, plataformas de "crowdfunding" y otras) le ha permitido crecer este negocio e impactar la calidad de vida de muchos hogares.

Yo emprendo

Piensa en una oportunidad de negocio que podrías hacer y que contribuya a solucionar un problema social específico de las personas de tu país.

Ejercicios y tarea

1. Organicen a toda la clase para que pueda llegar un emprendedor social a hablar sobre sus experiencias en Guatemala resolviendo un problema social.

2. Investiga tres emprendedores sociales usando Internet. ¿Cómo describirías al emprendedor(es)?, ¿qué hace la empresa?, ¿cómo lo hace?, ¿para quién lo hace?, y ¿por qué lo hace (su misión)?

3. Los emprendedores sociales están motivados por resolver un problema social. Si tú te convirtieras en emprendedor social, ¿cuáles serían los tres problemas sociales principales que te gustaría resolver? y, ¿cómo los resolverías de manera que tu empresa fuera autosostenible?

> ❝ Dentro de veinte años, estarás más decepcionado por las cosas que no hiciste que por las que decidiste hacer. Así que suelta las amarras, empieza a navegar y aprovecha los vientos a tu favor.
> Explora. Sueña. Descubre. ❞
> - Mark Twain

Identifica tres cosas que a un bebé le facilitaría quedarse dormido.

GLOSARIO

Algoritmo
Un procedimiento para realizar una tarea. Usualmente está compuesto por una serie de procesos en un programa de computadora.

Co-branding
Cuando dos o más marcas de una empresa o de empresas diferentes forman una alianza para promocionarlas de forma conjunta en el empaque de los productos o en materiales promocionales.

Confianza
Sentimiento de seguridad con el que no se duda que otra persona, institución o empresa cumplirá con lo que nos ha ofrecido o prometido. Seguridad de que se nos pagará una cantidad de dinero que prestamos a alguien más.

Contrato
Un acuerdo escrito o verbal mediante el cual dos o más personas o grupos de personas se comprometen voluntariamente a cumplir con una serie de condiciones. Por ejemplo en un contrato de compra-venta una persona se compromete a pagar un precio y la otra a entregar un bien.

Crédito
Cuando una persona o institución financiera presta dinero a otra con ciertas condiciones y montos de interés o cuando una empresa da un producto o provee un servicio y permite un plazo determinado de tiempo para que sea pagado por el cliente.

Crowdfunding
Consiste en utilizar plataformas en Internet para presentar proyectos y solicitar la donación o inversión de cualquier persona en el mundo que esté interesada en apoyarlos.

Economías de escala.
Existen economías de escala cuando la producción por unidad de un producto se reduce en la medida que se produce más de ese producto. Esto puede ocurrir por varias razones, una de ellas es que el productor va aprendiendo a reducir costos en la medida que conoce más sobre el proceso de producción.

Economista
Persona que se dedica al estudio de los mercados y el intercambio entre individuos. Los economistas generalmente suponen que las personas actúan de acuerdo a incentivos.

Emprendedor kirzneriano
Es una persona que crea valor al identificar y aprovechar una oportunidad de mercado.

Emprendedor schumpeteriano
Es una persona que crea valor inventando nuevos productos que sacan del mercado a otros productos de menor valor económico.

Equilibrio (de mercado)
Es un estado en el cual los individuos en una economía no tienen incentivos a cambiar sus preferencias o sus acciones. También se dice que un mercado está en equilibrio cuando la cantidad que se produce es igual a la cantidad que se compra a un precio determinado, al que se le denomina: precio de equilibrio.

Expropiar
Quitarle forzosamente un bien a una persona que es la dueña.

Franquicia
Modelo en el que una persona paga a otra una cierta cantidad por el derecho de desarrollar el modelo exacto de un negocio en otra localidad y se compromete a cumplir con todos los estándares establecidos a nivel regional o mundial de dicho negocio.

Grupo Objetivo
Grupo de personas distinguidas específicamente por características personales (edad, sexo, estado civil, nivel educativo) o hábitos (lugares que visita, cómo suele comprar un producto, la forma en que paga, etc.) a las que puede agruparse por similitud. Definir un grupo objetivo permite ser más eficiente en la comunicación y relación de un emprendedor o una empresa con dicho grupo.

Marca
Nombre particular que se le da a un producto, servicio o proceso que queremos distinguir de otros. La marca va asociada a características particulares que queremos que se asocien con ella y que la gente recuerde e identifique con la marca.

MBA.
Master in Business Administration, por sus siglas en inglés. Especialización en Administración de Empresas.

Oportunidad
Se refiere a una oportunidad de negocio que nace de identificar una necesidad o deseo y buscar formas para atenderla o resolverla. Lo que se identifica como esa forma viable para satisfacer esa necesidad o deseo se constituye en una oportunidad.

Organización
Existen muchas formas de definirlo, en este caso nos referimos a un negocio funcionando formalmente.

Outsourcing
Subcontratación que hace una empresa de algún servicio. Normalmente se hace de actividades de las que no depende la esencia del negocio, tales como servicios de limpieza, seguridad o asesoría legal, entre otros.

Plan de mercadeo
Plan que incluye las estrategias y actividades de mercadeo de una empresa o proyecto, tales como diseño de publicidad, medios publicitarios, promociones, precios, presentación y empaque, canales, entre otras.

Producto a consignación
Producto que se entrega sin recibir un pago inmediato por el mismo. El pago se hace en base al producto consumido en un período determinado. El producto restante (no vendido) se devuelve al proveedor.

Propiedad privada
Un derecho por medio del cual una persona es dueña de un bien material y en algunos casos, inmaterial. Se dice que en una sociedad existe propiedad privada cuando la ley hace que se respete ese derecho.

Segmentos ABC+
La población se puede clasificar en diferentes niveles socioeconómicos, normalmente A, B, C, D y E. Estos niveles se refieren al nivel de ingresos de las personas de una ciudad, país o región. En el caso de Monkibú, va dirigido a personas en los niveles socioeconómicos A, B y C+, descritos por CID Gallup Latinoamérica con ingresos promedio de Q5,400 mensuales y con un nivel educativo superior a secundaria completa. Mas adelante encontrará algunas gráficas con más información sobre diferentes segmentos[41]:

---

[41] Tomadas de la presentación particular titulada "Estudios de Mercado."

"Shock"
Es un cambio drástico en las condiciones del mercado debido a un factor muchas veces impredecible. Por ejemplo, un terremoto es un shock a las condiciones sociales y económicas en una sociedad. Un shock puede ser positivo o negativo. Por ejemplo ganarse la lotería es un shock positivo en los ingresos de una persona.

Wow Statement
Enunciado que impacta y llama la atención de las personas a quienes les estamos presentando un proyecto, producto o servicio. Normalmente no debe durar más de 30 segundos.

LOS INGRESOS FAMILIARES MEDIOS DE CADA NIVEL: QUETZALES AL MES

A1	+ de 125,000
A2	65,500
B	38,600
C1	23,500
C2	13,500
C3	6,100
D	2,500
E	1,100

Guatemala
Características NSE

		ABC+	C	D	E
Educación					
Primaria		2%	17%	59%	8.8%
Secundaria		69%	73%	38%	11%
Superior		29%	10%	3%	%
Edad	*Población Total*				
15-17	1007215	9%	7%	12%	8%
18-19	621573	9%	9%	8%	4%
20-24	1363226	17%	20%	15%	8%
25-29	1160398	20%	14%	9%	7%
30-34	949092	13%	14%	13%	8%
35-39	755662	7%	11%	9%	6%
40-44	602581	6%	6%	6%	8%
45-49	491013	3%	6%	5%	9%
50-54	404004	6%	4%	7%	6%
55-59	355719	1%	2%	4%	11%
60 y +	943806	8%	6%	11%	25%
Total mayores 18 años	7647074				
Sexo					
Masculino		54%	52%	46%	36%
Femenino		46%	48%	54%	64%

Fuentes: Estudios Cid Gallup Latinoamérica

Niveles Socioeconómicos

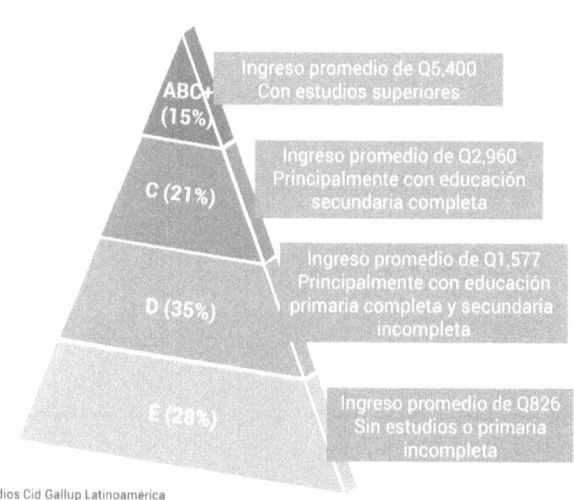

- ABC+ (15%): Ingreso promedio de Q5,400. Con estudios superiores
- C (21%): Ingreso promedio de Q2,960. Principalmente con educación secundaria completa
- D (35%): Ingreso promedio de Q1,577. Principalmente con educación primaria completa y secundaria incompleta
- E (28%): Ingreso promedio de Q826. Sin estudios o primaria incompleta

Fuentes: Estudios Cid Gallup Latinoamérica

Referencias

Baumol, William (1990) — **Entrepreneurship: Productive, Unproductive and Destructive.** *The Journal of Political Economy*, 98 (5): 893-921.

Facultad de Ciencias Económicas, UFM (2014) — **Reporte Nacional de Emprendimiento**: Guatemala 2013-2014. Guatemala: Universidad Francisco Marroquín.

Granovetter, Mark (1973) — **The Strength of Weak Ties.** *American Journal of Sociology,* 78 (6): 1360-1380.

Gunter, Frank R. (29 de octubre de 2011) — **A Simple Model of Entrepreneurship for Principles of Economics Courses.** Disponible en SSRN: http://ssrn.com/abstract=1961235 (fecha de acceso el 4 de junio de 2015).

Kirzner, Israel (1974) — *Competencia y función empresarial.* Madrid: Unión Editorial.

Schumpeter, J. (1949) — *The theory of economic development.* Cambridge: Harvard University Press.

World Bank (2013) — **Doing Business 2013:** Smarter Regulations for Small and Medium-Size Enterprises. Washington, DC: World Bank Group. DOI: 10.1596/978-0-8213-9615-5. License: Creative Commons Attribution CC BY 3.0

Libros recomendados para emprendedores (en español)

1. Sun Tzu, *El arte de la guerra.*
2. Guy Kawasaki, *El arte de empezar.*
3. Fernando Trias de Bes, *El libro negro del emprendedor.*
4. Alexander Osterwalder, *Generación de modelos de negocio.*
5. Spencer Johnson, *¿Quién se ha llevado mi queso?*
6. Stephen M.R. Covey, *La velocidad de la confianza.*
7. Dam Roam, *Tu mundo en una servilleta.*
8. Seth Godin, *Tribus.*
9. Jim Collins, *Empresas que sobresalen.*
10. Daniel H. Pink, *La sorprendente verdad sobre qué nos motiva.*
11. Andy Freire, *Pasión por emprender: De la idea a la cruda realidad.*
12. Enrique Dans, *Todo va a cambiar.*
13. W. Chan Kim y Renee Mauborgne, *La estrategia del océano azul.*
14. Hernando de Soto, *El misterio del capital.*
15. Hernando de Soto, Enrique Ghersi y Mario Ghibellini, *El otro sendero*
16. Israel Kirzner, *Competencia y emprendimiento.*

Libros recomendados para emprendedores (en inglés)

1. Reid Hoffman and Ben Casnocha, *The Startup of you: Adapt to the future, invest in yourself and transform your career.*
2. Matt Blumberg, Startup CEO: *A field guide to scaling up your business.*
3. Charles F. Kiefer and Leonard A. Schlesinger, Action trumps everything: *Creating what you want in an uncertain world.*
4. Gerard Tellis, Unrelenting innovation: *How to create a culture for market dominance.*
5. Nirmalya Kumar and Jan-Benedict Steenkamp, Brand breakout: *How emerging market brands will go global.*
6. Bill Aulet, Disciplined entrepreneurship: *24 steps to a successful startup.*
7. David Shelters, Startup guide for the technopreneur: *Financial planning, decision making and negotiating from incubation to exit.*
8. Ron Adner, The wide lens: *What successful innovators see that others miss.*
9. Jeff Scheinrock and Matt Richter-Sand, The agile startup: *Quick and dirty lessons every entrepreneur should know.*
10. Anya Gupta, ed., The captainship: *First gen entrepreneurs.*
11. Chip Heath, *Made to stick.*
12. Barry Moltz, You need to be a little crazy: *The truth about ttarting and growing your business.*
13. Eric Ries, *The lean startup.*
14. Israel Kirzner, How markets work: *Disequilibrium, entrepreneurship and discovery.*
15. Campos Newton M., *The myth of the Idea and the upside down startup.*
16. Covey, Sean: *Los 7 Hábitos de los Jovenes altamente Efectivos.*

Herramientas para emprendedores

El Centro de Emprendimiento Kirzner ha desarrollado una página con herramientas para emprendedores (http://fce.ufm.edu/herramientas-para-emprendedores/). En esta página, cualquier persona que esté interesada en temas de emprendimiento podrá encontrar artículos, páginas web, libros, revistas, aplicaciones móviles, videos y otras herramientas que le ayudarán y facilitarán el conocimiento y la práctica en su camino como emprendedor. Estas herramientas están clasificadas en las siguientes categorías:

1. Convirtiéndose en un emprendedor
2. Ideas de negocio
3. Planes de negocio
4. Iniciando un negocio
5. Pitches de negocio
6. Manejando el negocio
7. Mercadeo para emprendedores
8. Recursos

http://fce.ufm.edu/inspirate/

www.ingramcontent.com/pod-product-compliance
Lightning Source LLC
Chambersburg PA
CBHW020421220526
45464CB00002B/522